ABD
50 ANOS

© Associação Brasileira de Daseinsanalyse, 2024
Todos os direitos desta edição reservados à Editora Labrador.

Coordenação editorial Pamela J. Oliveira
Assistência editorial Leticia Oliveira, Jaqueline Corrêa
Projeto gráfico e capa Amanda Chagas, Marina Fodra
Diagramação Estúdio dS
Tradução Barbara Spanoudis
Preparação de texto Marcia Maria Men
Revisão Mariana Cardoso
Imagens da capa e miolo Acervo ABD

Dados Internacionais de Catalogação na Publicação (CIP)
Jéssica de Oliveira Molinari - CRB-8/9852

ABD 50 Anos / Associação Brasileira de Daseinsanalyse
São Paulo : Labrador, 2024.
192 p.

ISBN 978-65-5625-591-0

1. Daseinsanalyse I. Associação Brasileira de Daseinsanalyse

24-1936　　　　　　　　　　　　CDD 150.195

Índices para catálogo sistemático:
1. Daseinsanalyse

Labrador

Diretor-geral Daniel Pinsky
Rua Dr. José Elias, 520, sala 1
Alto da Lapa | 05083-030 | São Paulo | SP
contato@editoralabrador.com.br | (11) 3641-7446
editoralabrador.com.br

A reprodução de qualquer parte desta obra é ilegal e configura uma apropriação indevida dos direitos intelectuais e patrimoniais dos autores. A editora não é responsável pelo conteúdo deste livro. Os autores conhecem os fatos narrados, pelos quais são responsáveis, assim como se responsabilizam pelos juízos emitidos.

ASSOCIAÇÃO BRASILEIRA DE DASEINSANALYSE

ABD
50 ANOS

Medard Boss
ANGÚSTIA, CULPA E LIBERTAÇÃO

Solon Spanoudis
COLETÂNEA DE ARTIGOS

David Cytrynowicz
SOLON SPANOUDIS, ABD E DASEINSANALYSE

João Augusto Pompeia
DOR E TEMPO

Labrador

APRESENTAÇÃO

A edição deste livro, *ABD 50 anos*, é uma comemoração. Comemorar é uma experiência compartilhada de memorizar, relembrar.

A comemoração é uma celebração de uma história que, em seu vigor, permanece viva entre aqueles que, de algum modo, podem compartilhá-la agora ou no futuro.

A comemoração que este livro marca é o aniversário de 50 anos de fundação da Associação Brasileira de Análise e Terapia Existencial-Daseinsanalyse (ABATED) que, em 1993, foi renomeada como Associação Brasileira de Daseinsanalyse (ABD). Este livro também assinala o cinquentenário do reconhecimento formal da Daseinsanalyse no Brasil como método para a atuação na psicoterapia e psiquiatria. Com esse intuito, encontraremos nesta obra escritos de aulas e conferências de Medard Boss e artigos de Solon Spanoudis, fundadores da Daseinsanalyse, como proposta terapêutica e da ABATED.

Boss foi um psiquiatra suíço que viveu e morreu em Zurique. Ele estudou Medicina na Universidade de Zurique e, como psiquiatra, seguiu formação em Psicanálise, tendo tido também sessões com Freud, em Viena. Posteriormente, inspirado pelo pensamento hermenêutico da ontologia de Martin Heidegger, Boss dedicou-se à renovação das bases para o entendimento do ser humano, como *Dasein*, no atendimento clínico de todos aqueles que procuram a superação dos sofrimentos que atormentam o seu próprio viver.

Solon, de origem grega, estudou medicina e concluiu sua formação profissional em Viena. Ele escolheu o Brasil para viver e dar continuidade a sua formação médica, tendo neste país se especializado como psiquiatra. No aprimoramento de sua prática, ele se envolveu cada vez mais com o estudo da fenomenologia e, assim, descobriu a nova proposta daseinsanalítica de Medard Boss. Numa feliz coincidência,

Solon pôde privar de especial proximidade com Boss, quando este vinha frequentemente a São Paulo de passagem para visitar dois de seus filhos que haviam deixado a Suíça para morar no Brasil.

Inicialmente, é importante ressaltar que encontramos na proposta daseinsanalítica de Boss, seguida por Solon, uma mudança no âmbito da atuação terapêutica, não mais na perspectiva do uso de técnicas para identificar e controlar os determinantes dos sofrimentos, advindos, por exemplo, de experiências traumáticas anteriores ou de reforços sociais, ou ainda por eventos marcados pela biologia ou fisiologia.

No cuidado com aqueles que buscam um terapeuta por se sentirem incapazes de superar as suas dificuldades, é significativamente especial na atuação do daseinsanalista a atenção ao modo como as pessoas entendem sua própria vida e os seus próprios sofrimentos, como elas compreendem e sentem o que experimentam e como reagem a isso.

A perspectiva da Daseinsanalyse servirá como guia para a atuação do terapeuta que procura o entendimento da existência e do sofrimento do outro, a busca pelo desvelamento dos modos fundantes da existência humana da angústia e da culpa presentes, em cada caso, nos projetos pessoais realizados ou não. Nesse sentido, Solon escreveu que o pensamento daseinsanalítico se dirige "àqueles que procuram o próprio caminho".

Pode-se entender, ainda, que o próprio caminho ressaltado por Solon se refere tanto ao próprio entendimento da existência dos pacientes, como à atuação dos terapeutas que, em sua própria singularidade, se movimentam seguindo aquilo que se desvela a eles, a cada vez, na continuidade do processo terapêutico.

Mas quais as razões para trazer estes textos e republicá-los?

- A primeira razão é a que dá início a esta apresentação: uma comemoração, comemorar os 50 anos da ABD.
- A segunda é poder marcar esta data: reunir numa obra os dois responsáveis pelo nascimento e pela continuidade da Daseinsanalyse, Medard Boss e Solon Spanoudis.

Medard Boss, que trouxe à luz a Daseinsanalyse, tem diversas obras escritas – livros, conferências proferidas e inúmeros artigos –, conhecidas no universo dos que se aproximam desse pensamento, e publicadas em vários idiomas. Por que elegemos esta? *Angústia, culpa e libertação* (1975), livro esgotado há muito, constitui uma coletânea impactante de textos escolhidos por Boss, para ser a sua primeira obra editada em português: "Angústia Vital, sentimento de culpa e libertação psicoterápica" (1961), "Sinais de alarme na psicologia e psicoterapia" (1970) e "O médico e a morte" (1971).

Solon Spanoudis, cujos escritos não foram muito numerosos, está presente nesta edição comemorativa com todos os seus artigos: "Neurose do Tédio" (1976), "A tarefa do aconselhamento e da orientação a partir da Daseinsanalyse", "Conhecer o outro na entrevista" (1978), a apresentação do livro *Na noite passada eu sonhei* (1979), "A todos que procuram o próprio caminho" e "Abordagem fenomenológico existencial dos sonhos - I" (1981).

Mas não se enganem. A obra de Solon é muito maior que os escritos que ele nos legou. E no nosso entender, ele foi a figura fundamental responsável pela formação de uma primeira geração de daseinsanalistas no Brasil, bem como, tendo plantado vigorosas sementes, foi responsável pela longevidade da ABD que agora completa seus 50 anos.

Do convívio com Solon, aqueles que seguiram os seus passos foram privilegiados partícipes.

Na revista *Boletim de Psiquiatria*, v. XIV, n. 2, junho 1981, que traz o último trabalho de Solon, "Abordagem fenomenológico existencial dos sonhos - I", na "Apresentação" póstuma impressa no editorial, pode-se ler a seguinte referência:

> *Muito mais, porém, do que a lição científica que seus ensinamentos já forneceram às nossas inteligências, Solon Spanoudis deixou-nos uma lição mais ampla, profunda e eficaz: a de um coração aberto, generoso, dedicado, pronto a servir, a compreender e a sorrir [...] E o exemplo é a mais contagiante das lições.*

Acolher com sua compreensão, seu profundo conhecimento e sensibilidade relativos à condição humana e, sem dúvida, com o seu característico sorriso franco e aberto, este é o legado que Solon nos deixou.

Como testemunho da profícua continuidade da Daseinsanalyse e da ABD no Brasil, este livro comemorativo apresenta, ainda, dois outros artigos, de David Cytrynowicz e de João Augusto Pompeia (Guto).

Nada mais justo que o reconhecimento desses dois psicólogos que, então, muito jovens, estiveram especialmente envolvidos na fundação da ABATED. Até hoje, eles permanecem em vigorosa dedicação aos estudos e à prática clínica daseinsanalítica. A eles, todos nós que fazemos parte da ABD atual, recorremos como referência do saber daseinsanalítico.

David conheceu Solon em sua procura para iniciar um processo analítico. Sensível ao que, então, vivia em sua experiência terapêutica pessoal muito significativa, acabou decidindo mudar o rumo de sua vida, dedicando-se ao estudo da Psicologia. Sua relação com Solon pôde, assim, evoluir de paciente para respeitoso aprendiz, discípulo e parceiro nos projetos de estudo e de divulgação da Daseinsanalyse. A confiança de Solon em seu discípulo permitiu que David pudesse também se aproximar de Medard Boss que, por duas vezes, o recebeu na Suíça. A proximidade com Solon e os encontros com Boss foram oportunidades para aprimorar o entendimento daseinsanalítico das questões da prática clínica. Para esta obra comemorativa, o artigo que David escreveu contém um histórico biográfico com peculiaridades pessoais de Solon, um histórico do nascimento e desenvolvimento da ABATED/ABD e o seu próprio entendimento da atitude terapêutica daseinsanalítica.

Guto (JAP) começou na carreira acadêmica como auxiliar de ensino na faculdade de Psicologia da Pontifícia Universidade Católica de São Paulo (PUC-SP), onde se formou psicólogo. Depois que conheceu Solon, participando do seu primeiro grupo de estudos em torno de temas de "análise existencial", Boss e Heidegger, foi paciente dele e, ainda depois, professor na ABD de outros grupos de estudos de *Ser e tempo*. Tornou-se o primeiro representante da Daseinsanalyse entre o grupo de professores de fenomenologia e da chamada "análise existencial" da PUC-SP. De espírito inquieto, com inigualável originalidade, ele tem se dedicado à leitura e reflexão de temas filosóficos para o esclarecimento da clínica daseinsanalítica.

Para esta edição comemorativa, Guto selecionou *Dor e tempo,* uma reflexão assim nomeada, que foi desenvolvida, em especial, a partir dos textos de Boss presentes em *Angústia, culpa e libertação*, e que, anteriormente, apresentou em algumas aulas.

Esperamos que a semeadura iniciada por Medard Boss e Solon Spanoudis ainda traga muitos e vigorosos frutos para aqueles que se aventurarem na jornada que este livro venha a contribuir.

Março, 2024
Maria Beatriz Cytrynowicz

MEMBROS DA ABD NA ATUALIDADE

Psicólogos:
David Cytrynowicz – fundador
João Augusto Pompeia – fundador
Angélica Gawendo
Carlos Eduardo Carvalho Freire
Danielle Pisani de Freitas
Edgard Armando Pimenta Faya
Fernanda de Camargo Vianna
Fernanda Rizzo di Lione
Ida Elizabeth Cardinalli
Ivete Heiko Hashimoto
João Rafael Vieira de Moraes
Marcos Oreste Colpo
Maria Beatriz Cytrynowicz
Maria de Fátima de Almeida Prado
Maria Inês Guida
Marina Gênova
Miguel Angelo Yalente Perosa
Rubens de Oliveira Borges Jr
Tania Terpins

FIZERAM PARTE DA ABD

Casimiro Angielczyk (*in memoriam*) – fundador
Bilê Tatit Sapienza
Helio Roberto Deliberador

LIVROS PUBLICADOS POR MEMBROS DA ABD

CARDINALLI, Ida Elizabeth. *Daseinsanalyse e esquizofrenia*. São Paulo: Editora Escuta, 2012.

CARDINALLI, Ida Elizabeth. *Transtorno do estresse pós-traumático: uma compreensão fenomenológico-existencial da violência urbana*. São Paulo: Editora Escuta, 2016.

COLPO, Marcos Oreste. *Pesquisa fenomenológica e hermenêutica: cinema, arte e literatura*. Rio de Janeiro: Editora Via Verita, 2019.

CYTRYNOWICZ, Maria Beatriz. *Criança e infância: fundamentos existenciais clínica e orientações*. Lisboa, Portugal: Editora Chiado, 2018.

PEROSA, Miguel Angelo Yalenti. *Histórias de uma supervisão: exercícios de compreensão clínica daseinsanalítica*. São Paulo: Editora Escuta, 2018.

POMPEIA, João Augusto; SAPIENZA, Bilê Tatit. *Os dois nascimentos do homem: escritos sobre terapia e educação na era da técnica*. Rio de Janeiro: Editora Via Verita, 2011.

POMPEIA, João Augusto; SAPIENZA, Bilê Tatit. *Na presença do sentido: uma aproximação fenomenológica a questões existenciais básicas*. São Paulo: EDUC, Paulus e ABD, 2004.

SAPIENZA, Bilê Tatit. *Do desabrigo à confiança: Daseinsanalyse e terapia*. 2. ed. revista e atualizada. São Paulo: Editora Escuta, 2013.

SAPIENZA, Bilê Tatit. *Encontro com a Daseinsanalyse: a obra* Ser e tempo, *de Heidegger, como fundamento da terapia daseinsanalítica*. São Paulo: Editora Escuta, 2015.

SAPIENZA, Bilê Tatit. *Conversa sobre teparia*. 2. ed. atualizada. São Paulo: Editora Escuta, 2015.

LIVROS PUBLICADOS PELA ABD EM PARCERIAS

HEIDEGGER, Martin. *Seminários de Zollikon: Protocolos – Diálogos – Cartas*. 3. ed. revisada. São Paulo: Editora Escuta, 2017.

HEIDEGGER, Martin. *Seminários de Zollikon*. Rio de Janeiro: Editora Via Verita, 2021.

MEDARD BOSS

ANGÚSTIA, CULPA E LIBERTAÇÃO

Títulos dos originais:

Lebensangst, Schuldgefühle und Psychotherapeutische, Befreiung Verlag Hans Huber Berna
Sturmzeichen in der Psychologie und Psychotherapie. In: "Psychotherapy and Psychosomatics", vol. 20, 1972.
Arzt und Tod in "Psychosomatische Medizin", conferência proferida em dezembro de 1971

SUMÁRIO

INTRODUÇÃO À EDIÇÃO BRASILEIRA 19
PREFÁCIO 23

ANGÚSTIA VITAL, SENTIMENTO DE CULPA E A LIBERTAÇÃO PSICOTERÁPICA 27

INTRODUÇÃO 29

CAPÍTULO I: Angústia e culpa como fatores dominantes da vida do ser humano 33

CAPÍTULO II: As explicações psicológicas como curto-circuitos do pensamento 37

CAPÍTULO III: Tentativa de uma nova reflexão 43
    A – Da essência da angústia 44
    B – Da essência da culpabilidade 47

CAPÍTULO IV: O caminho para a libertação 51
    A – Da superação da angústia 51
    B – Da superação da carga de culpa 55

CAPÍTULO V: A nova reflexão como fundamento das possibilidades de libertação psicoterápica 61

SINAIS DE ALARME NA PSICOLOGIA E PSICOTERAPIA 69

Epílogo: para um congresso revolucionário internacional de psicoterapia 71

O MÉDICO E A MORTE 85

Um ensaio analítico-existencial 87

INTRODUÇÃO À EDIÇÃO BRASILEIRA

O existencialismo, ou melhor, a fenomenologia hermenêutica[1] revelou novos horizontes para a compreensão dos problemas humanos do nosso século efervescente, cheio de dúvidas, crises e conflitos na procura de novos caminhos. Nem a psiquiatria nem a psicoterapia ficaram alheias a estas influências.

Karl Jaspers, antes de se dedicar exclusivamente à filosofia, ainda como psiquiatra, procurou novos rumos nas obras notáveis que deixou. E Ludwig Binswanger foi o pioneiro na tentativa de introduzir a fenomenologia na psiquiatria.

A seguir, numerosos outros psicoterapeutas e psiquiatras, partindo das várias escolas da filosofia existencial, buscaram novos caminhos. Entre eles se destaca a contribuição de Medard Boss.

Graças à amizade pessoal de mais de 25 anos com Martin Heidegger, cuja obra filosófica desencadeou um grande impacto em nossa época, Boss teve a oportunidade de assimilar o pensamento heideggeriano, e assim chegar a uma nova concepção a respeito do existir do homem. Partindo desta concepção heideggeriana, Boss, como grande psicoterapeuta, e por amor ao ser humano, se preocupa incessantemente em enfrentar seus problemas fundamentais, procurando livrar os homens atuais das amarras do pensamento materialista e tecnocrata, até agora vigente, e que pretende explicar cientificamente os fenômenos humanos em vez de procurar compreendê-los.

---

[1] Do grego antigo: *hermeneuin*, compreender.

Esta nova concepção levou Boss a afastar-se da metapsicologia de S. Freud, ainda presa a este pensamento tecnológico, e a desenvolver sua "Daseinsanalyse".[2]

A Daseinsanalyse procura captar e iluminar o ser humano com toda sua problemática característica da nossa época. Não fica presa aos esquemas puramente intelectualizados, evitando o domínio de teorias científico-matemáticas, as quais têm validez indiscutível nas ciências exatas e na tecnologia, mas não são suficientes para a compreensão do ser humano.

Boss, além de sua intensa atividade como catedrático na Clínica Psiquiátrica da Faculdade de Zurique e das numerosas viagens para conferências em Universidades da Europa, dos Estados Unidos, da Ásia etc., publicou vários livros e trabalhos, a maioria deles traduzida para o inglês, francês, espanhol[3] e, inclusive, o japonês.

Em sua obra, Boss expõe, com vigor e zelo, sua completa e nova contribuição para a fenomenologia hermenêutica no campo da medicina e, especialmente, na psicopatologia, estabelecendo os alicerces para uma nova aproximação antropológica.

Para apresentar algumas ideias de Boss, traduzimos para o português três pequenos trabalhos seus – originalmente conferências –, para mostrar o pensamento e a atitude de Boss perante problemáticas fundamentais do ser humano, começando com sua profunda análise do sentido da angústia e da culpa, em seguida, mostrando o problema do existir humano em nossa época tecnocrata, e, por fim, expondo o conflito do homem ante a morte.

Esperamos assim contribuir para demonstrar como a Daseinsanalyse procura antes compreender do que explicar o existir humano através de uma iluminação mais ampla dos problemas, na qual se fundem a sensibilidade do artista, o rigor do cientista e a inquietude do filósofo.

---

2 Para a palavra alemã *Dasein* não há tradução apropriada; significa: estar aí, o existir humano.

3 Esgotados.

Graças aos laços familiares que unem Boss ao Brasil (um de seus filhos e sua filha estão radicados como fazendeiros no interior de São Paulo), tivemos a oportunidade de entrar em contato pessoal com ele.

Como ele insistiu em aprender português, tivemos o privilégio de vê-lo acompanhar a tradução, esclarecendo pessoalmente, com paciência e dedicação, diversas dúvidas. Agradecemos seu interesse e sua incansável ajuda. Também agradecemos a valiosa colaboração do nosso amigo e colega Luís Antonio Weinmann.

Solon Spanoudis
São Paulo, janeiro de 1975

PREFÁCIO

A concepção do primeiro e dos dois ensaios seguintes está separada por uma década inteira. O primeiro e mais volumoso dos três trabalhos é a versão um pouco ampliada da palestra presidencial que eu tive a honra de proferir em Viena, em 1961, por ocasião do V Congresso Internacional de Psicoterapia. O segundo trabalho, com o título de "Sinais de Alarme na Psicologia e Psicoterapia", é a reprodução da palestra proferida no VIII Congresso Internacional de Psicoterapia de Milão em 1970. Como pouco antes eu fora nomeado presidente honorário da Associação Internacional de Psicoterapia Médica, fui encarregado de, num epílogo, resumir e apreciar como método, as realizações científicas desse Congresso. O último trabalho, "O médico e a morte", foi concebido um ano depois, em 1971, por ocasião de um convite da direção do grêmio dos estudantes de medicina da Universidade de Zurique. Se pouco se nota a diferença de idade nestes três trabalhos, é porque eles têm uma única origem. Todos eles provêm, há décadas, da minha intensa preocupação pelo extremo perigo no qual se encontra o próprio ser-humano do homem atual. É certo que a ciência moderna conseguiu dominar em grande escala as epidemias bacterianas que antigamente dizimavam os povos. Provavelmente a técnica, quase todo-poderosa, também acabará com o atual perigo da poluição da água, do ar e da terra. Igualmente há bastante esperança de conter o perigo da aniquilação física da humanidade por explosões de bombas atômicas. Mas tudo isto são antes tentativas de salvação de primeiro plano. O próprio âmago mais íntimo do ser humano se encontra em extremo perigo. Pois o relacionamento fundamental do homem frente aos fatos do seu mundo, como frente a si mesmo e a seus próximos, está gravemente enfermo.

Comecei a perceber este fato chocante na sintomática física e psíquica dos pacientes da minha prática médica. Mas logo também observei o perigo em que se encontra o ser humano em número cada vez maior dos meus estudantes, jovens e "sadios", fossem eles de orientação mais conservadora ou mais progressista.

O que me parecia ser mais grave neste fato era a impossibilidade de captar algo sobre o caráter específico deste mal fundamental do homem com a ajuda das atuais ciências da medicina, psicologia e sociologia, porquanto elas teriam poucas condições de nos dar orientação e metas terapêuticas significativas. Só uma coisa se torna cada vez mais clara, e isto especialmente graças ao pensamento fundamental do filósofo alemão Martin Heidegger e das suas compreensões novas, radicais, das características essenciais da técnica moderna. Ele esteve preocupado em sempre nos mostrar, de novo, que há trezentos anos o filósofo e matemático francês Descartes moldou nosso relacionamento mental básico com o mundo; relacionamento que, desde então, determina nossa vida num sentido cada vez mais amplo e que hoje põe em perigo o âmago do nosso ser-humano.

Mas se isto for assim, então o perigo cada vez maior no qual se encontra o nosso estar-aqui, como existência humana, nos obrigará a romper e superar este relacionamento com o mundo que, desde o tempo de Descartes, se apoderou de nós.

"Por acaso", se isto existe, quando jovem ainda, encontrei o modo de pensar, o pensar do agora mencionado por Martin Heidegger, que não somente reconheceu o perigo no qual o espírito tecnocrata colocou o homem, mas que também nos demonstrou a realização do salto necessário que conduz a um relacionamento inteiramente novo. Decerto estou consciente de que eu, como não filósofo, jamais teria tido competência para realizar este salto, partindo de mim mesmo, por ser somente um médico e não um perito no pensar fundamental.

Nós agora temos apenas que suceder o pensar, ver e sentir, o todo novo de Heidegger, com a maior perseverança, e exercitando incansavelmente, de tal forma que esta perspectiva nova e salvadora mude decisivamente a nossa vida. Para tanto, uma imerecida sorte me concedeu a inesgotável ajuda pessoal de Martin Heidegger. Há quase trinta anos ele e eu somos unidos por uma amizade intensa e imperturbada. Ela levou a incontáveis diálogos filosóficos e, até hoje, tivemos mais ou menos cinquenta aulas-seminários sob a direção de Martin Heidegger no círculo dos meus alunos médicos. Sem esta imensa dedicação pessoal de Martin Heidegger a favor de minha formação filosófica, nunca teria se tornado possível, entre muitas outras coisas, a remodelação da teoria e prática terapêutica dentro da minha atividade médica para a análise do *Dasein*, a qual é demonstrada nos três trabalhos do presente livro.

Agradeço aos meus amigos brasileiros, o casal Solon Spanoudis, o qual traduziu com muito amor e grande conhecimento o texto do alemão para o português, e à Livraria Duas Cidades, a qual se encarregou da publicação desta ótima tradução e teve todo o cuidado com a apresentação do livro. É uma alegria excepcionalmente grande para mim que o ensaio "Angústia, culpa e libertação" seja editado também em língua portuguesa, porque dois dos meus filhos aos quais aquele trabalho é dedicado, entrementes se tornaram cidadãos brasileiros e vivem neste grande e progressista país.

Zurique-Zollikon, no outono de 1973

MEDARD BOSS

ANGÚSTIA VITAL, SENTIMENTO DE CULPA E A LIBERTAÇÃO PSICOTERÁPICA

Dedicado a
MARTIN, MAYA E URS,
com amor paterno

INTRODUÇÃO

As discussões que se seguem sobre a "Angústia vital, os sentimentos de culpa e a libertação psicoterápica" constituem versão um pouco ampliada de uma conferência que foi proferida durante o V Congresso Internacional de Psicoterapia na Universidade de Viena. A conferência foi fruto de um convite da direção do Congresso, a qual manifestou o desejo de que todas as contribuições principais se submetessem igualmente ao tema geral do Congresso e estivessem de acordo com o interesse comum do enorme grupo de participantes, orientados das mais diversas formas, que afluiu de todo o mundo.

Mas, como tema principal de todo o Congresso e, portanto, também como conteúdo desta conferência, tinha sido escolhida a questão do relacionamento entre a psicoterapia e a medicina clínica. Com esta escolha, ter-se-ia em conta a importância rapidamente crescente que deve ser concedida à psicoterapia em campos cada vez mais amplos da medicina clínica geral. Ainda há poucas décadas o campo de ação da psicoterapia se limitava a um pequeno círculo de alguns poucos distúrbios nervosos. Hoje a psicoterapia está em vias de estender simultaneamente a sua influência em duas direções. Ela alcança um direito de posição cada vez maior no grande campo das doenças mentais, mas também, cada vez mais, no campo de sofrimentos físicos para os quais eram unicamente competentes, até então, métodos de pesquisa e tratamento puramente somáticos.

Este acontecimento, o da extensão surpreendente da psicoterapia, já é, decerto, suficientemente importante como fenômeno médico. Ele nos obrigará a aprender a ver, cada vez com maior nitidez, a inseparabilidade fundamental dos fenômenos físicos e psíquicos da existência humana, nos seus dias de saúde e nos de doença, e de refletir com mais cuidado do que antes sobre a condição da essência e sobre a natureza desse nosso poder-existir integrado.

Entretanto aquilo que acontece com a psicoterapia é, em si, possivelmente só uma parte de um fenômeno, e como tal, pertence a um contexto ainda mais significativo e maior. Talvez se trate apenas de um dos muitos testemunhos da transformação decisiva em toda a situação espiritual da nossa época histórica. Será que o avançar de uma única terapêutica d'alma, nas esferas aparentemente tão opostas do espiritual e do físico, signifique que está iminente uma superação da secular divisão cartesiana do mundo, que marca todo o tempo moderno, num âmbito de objetos de dimensão física, mensuráveis e perceptíveis pelos sentidos, e uma esfera radicalmente diferente disto, de entes espirituais, imateriais, inextensos e imensuráveis? Não seria possível que isto que acontece com nossa psicoterapia fosse somente um ensaio parcial de *uma* ciência, bem análogo ao empreendimento de uma outra ciência bem diversa, a física, quando esta pretende reunir, a seu modo, matéria e energia numa só equação?

Aliás, a tendência a uma maior unidade dentro da medicina tem dado antes um resultado paradoxal. Uns foram seduzidos a ver a unidade da existência humana como sendo primariamente material, e outros, a proclamá-la como sendo originariamente espiritual. A decisão não será fácil. Pois nem da matéria, nem do físico e nem do espírito ou da energia, alguém saberia dizer o que seriam, no fundo, todas estas coisas? No entanto é possível que este caráter do indescritível, que é comum a esta matéria, corpo, energia e espírito, seja um aceno que possa levar-nos adiante na compreensão da nossa existência e do nosso mundo.

Mas se o tema principal do Congresso é de tal forma significativo, ao nos apontar diretamente a unidade fundamental da existência humana e do seu mundo, nossa contribuição só podia corresponder-lhe, visto que também ela leva à discussão fenômenos não menos profundos. Mas quase nenhum par de fenômenos humanos é tão significativo como a angústia e a culpa. Além disto, a angústia e a culpa são da máxima importância prática no campo total da formação e do tratamento da doença. Assim, ninguém que se ocupa seriamente com seres humanos pode lhes negar sua atenção constante e incansável. Por isso, o título da nossa conferência recebeu a formulação: Angústia vital, sentimentos de culpa e a libertação psicoterápica[4].

---

[4] Essa introdução corresponde, em princípio, à palestra presidencial de inauguração, feita pelo autor, ao início do V Congresso Internacional de Psicoterapia.

CAPÍTULO I

ANGÚSTIA E CULPA COMO FATORES DOMINANTES DA VIDA DO SER HUMANO

Angústia e culpa são fatores dominantes na vida dos seres humanos. Muitos afirmam que elas são ainda mais poderosas e abismais que fome e amor. Não estes, mas angústia e culpa são consideradas em diversos lugares e de acordo com velhos provérbios, como aquilo que apreende o mundo no íntimo. Costuma-se dizer que, se de antemão o medo não houvesse impelido as primeiras formas de vida a se porem a salvo através de reações de fuga; se as inibições culposas não houvessem freado a agressividade dos animais para com os de sua própria espécie, a vida teria se autodestruído e sido extinta muito antes de ter conseguido coroar sua obra, a criação do ser humano.

Todavia outros a isto objetam, alegando que mesmo em muitos mamíferos superiores o abrigo afetuoso do ninho materno e as brincadeiras travessas e desinibidas dos filhotes precedem os sentimentos de medo e de culpa. Mas deixemos de lado a história da evolução. Como não a presenciamos, nunca chegaremos além das hipóteses frequentemente modificadas sobre ela. Entretanto onde o domínio da angústia e da culpa é imediato e palpável, revelando-se onipresente, é no âmbito dos psiquicamente doentes. Quase todos os que procuram o psiquiatra estão sendo intimamente corroídos, declarada ou veladamente, pela angústia e pela culpa. No decorrer das últimas décadas, porém, verificou-se uma transformação curiosa e ao mesmo tempo significativa na manifestação dos sentimentos de angústia e de culpa em nossos pacientes. No fim do século passado, o psicoterapeuta encontrava os fenômenos de angústia e de culpa principalmente nos sinais ruidosos e obstinados das assim chamadas histerias. Observava-se então nas mulheres os gestos histéricos defensivos nos inúmeros ataques grandiosos de paralisia e convulsões. A angústia dos homens ainda se manifestava, na Primeira Guerra Mundial, nos gestos histéricos intensos dos chamados "tremedores de guerra", com os quais seria possível formar batalhões inteiros. A angústia dos seres humanos também se manifestava abundantemente naqueles quadros patológicos notáveis que a nossa ciência chama de fobias. Nossos manuais falam de Agorafobia, o medo de pensar em estar sozinho num grande espaço aberto, de Claustrofobia, o medo de permanecer em espaços fechados, de Aimo, Miso, Querauno, Nicto e Fobofobia etc., ou seja, o medo dos objetos pontiagudos, de todo contágio, do raio, da noite e até o medo do medo. Sigmund Freud já observou a respeito desta plêiade de sofrimentos angustiosos especificados em nomes gregos ostentativos, que eles soam como a enumeração das dez pragas do Egito, só que o número deles as ultrapassa de muito.

A culpabilidade dos seres humanos mais uma vez chamou a atenção dos médicos, primeiramente através dos sentimentos de culpa nas neuroses obsessivas e especialmente nas autoacusações incessantemente declaradas nas indisposições depressivas e nas melancolias. Assim sendo, alguém pode até recear de se tornar culpado pelo fim do mundo, se não disser imediatamente 99 vezes "Jesus seja louvado". Apesar de ele mesmo compreender intelectualmente o absurdo desta sua penitência, ele é impotente diante da obsessão de seu sentimento de culpa. Um outro passa dias e noites, durante meses e anos, somente com o lamento desesperado de ser culpado pela destruição iminente e total de sua família pelo fato de há vinte anos ele ter beijado clandestinamente a empregada dos pais. Besteiras, dirão os senhores, puras loucuras, que são pertinentes às Casas de Saúde, mas que nada dizem a nós, que somos sãos. Quando muito, as pessoas acometidas por tais ideias angustiosas e culposas merecem a nossa compaixão. Será que elas merecem só isso? Será que elas não merecem muito mais atenção? Não seria possível que justamente tais exageros e discrepâncias nos fornecessem esclarecimentos importantíssimos sobre a natureza e o significado da angústia e da culpabilidade humanas, caso nós estivéssemos dispostos a escutá-los da maneira correta?

Mas apressemo-nos a escutar, pois as vozes dos nossos infelizes que clamam no deserto estão ficando cada vez mais fracas e incompreensíveis. As gesticulações descomedidas das grandes histerias estão hoje em dia praticamente extintas. Até mesmo a Segunda Guerra Mundial quase não viu mais os tremores histéricos. Há tempos os sentimentos de angústia e culpa dos nossos pacientes se recolheram em proporção cada vez maior para o esconderijo do interior do corpo e daí somente falam na linguagem estranha dos assim chamados distúrbios funcionais cardíacos, gástricos, intestinais e de outras neuroses orgânicas. Hoje, todavia, angústia e culpa ameaçam se esconder mais e mais sob a fachada fria e lisa de um tédio vazio e por trás da muralha gélida de sentimentos desolados de completa insensatez da vida. Em todo caso, o número crescente daqueles doentes que só sabem se queixar da insensatez vazia e tediosa de suas existências não deixa mais dúvida em nenhum médico psiquiatra de que o quadro patológico que poderia ser chamado neurose do tédio, ou neurose do vazio, é *a* forma de neurose do futuro imediato. Nela se abrange um tédio que necessita encobrir angústias e sentimentos de culpa particularmente sinistros. Todo tédio comum, desde logo, inclui aquilo que exprime a própria palavra[5], um sofrer do tempo vagaroso, uma secreta saudade de estar abrigado num lugar familiar tão almejado quando inacessível, ou por uma pessoa querida e distante. Mas no grande e profundo tédio das atuais neuroses do vazio se esconde uma tal saudade; se esta não fosse repelida e reprimida com extrema força, ela deixaria eclodir o reconhecimento da perda de todo e qualquer enraizamento. As consequências deste reconhecimento implicariam uma extrema angústia e um profundo sentimento de culpa, por se ter perdido em tal abismo extremo. Por isso o tédio que reina na existência dos atuais neuróticos frequentemente encobre seu próprio sentido, utilizando-se do ruído dominante das atividades ininterruptas, diurnas e noturnas, ou do embotamento das mais diversas drogas e tranquilizantes.

De onde será que provêm, nas pessoas psiquicamente doentes do nosso tempo, este recente congelamento e estarrecimento que encobre profundamente a angústia e a culpa? Nós dificilmente erraremos se o associarmos à prepotência atual da tecnologia. Pois é ela também que

---

5 N.T.: Em alemão, Lange Weile, tempo vagaroso, tempo longo.

nos leva a compreender e nos considerar como sendo apenas uma pecinha no aparelho de uma gigantesca organização social. Mas pecinhas de máquinas não gesticulam nem de modo normal nem histérico, muito menos podem elas dialogar abertamente. Mesmo quando pecinhas são agregadas coletivamente para formar o conjunto de uma máquina funcional, elas só se acionam mecanicamente, sem parar de girar em torno do próprio eixo fixo.

CAPÍTULO II

AS EXPLICAÇÕES PSICOLÓGICAS COMO CURTO-CIRCUITOS DO PENSAMENTO

Será que nós, psicoterapeutas, não estamos totalmente impotentes diante do atual espírito violentador da tecnocracia, desde que este se apoderou dos nossos pacientes? Talvez só estejamos totalmente impotentes enquanto continuamos a permitir que esse espírito também aprisione nossos próprios pensamentos e ações médicas. Mas, para ver em que medida isto realmente acontece, basta correr os olhos nos conceitos fundamentais das psicologias, psicopatologias e psicoterapias vigentes hoje em dia. Todas elas, justa e especialmente onde e quando se opõem à doutrina psicanalítica, continuam basicamente comprometidas com aquele pensamento técnico de Freud, que ele soube formular já em 1916 com insuperável precisão, resumindo-o nas seguintes frases:

> *Não queremos apenas descrever e classificar os fenômenos, mas compreendê-los como sinais de um intercâmbio de energia na alma, como expressão de tendências que visam uma meta, tendências que ou colaboram ou agem umas contra as outras. Nós nos empenhamos por uma concepção dinâmica dos fenômenos psíquicos. Diante das aspirações supostas, os fenômenos observados têm que ficar em segundo plano na nossa compreensão.*[6]

---

6 FREUD, S. *Introducción al Psicoanalisis*, v. 2, Madri: Editorial Biblioteca Nueva, 1948. (Obras Completas)

Mesmo quando psicologias posteriores substituem a "psiquê" de Freud pela ideia de "alma", "sujeito" ou "pessoa", elas raramente rompem as dimensões de seu pensar tecnológico que objetiva o ser humano. Elas somente velam o caráter básico inalterado desse pensamento psicológico, através de maior embasamento e obscurecimento das noções básicas.

Entretanto o método de trabalho psicológico de Freud pressupôs aquela opinião acerca do ser humano, a qual acredita que também os seus (assim chamados) fenômenos psíquicos fazem parte de uma espécie de objeto, de um aparelho psíquico. Por isso, só precisariam ser encontrados os nexos causais psicodinâmicos nele reinantes, das coisas psíquicas entre si, para então poder eliminar as "causas" dos efeitos psíquicos e tornar a máquina novamente eficiente. Consequentemente, sua psicologia quer entender os sentimentos de angústia e de culpa, exclusivamente como defeitos de uma psiquê ou de um aparelho psíquico, os quais impedem o funcionamento sem atrito das estruturas e organizações sociais. Por isto eles têm que ser eliminados o quanto antes e por todos os meios disponíveis. A este único fim, o da eliminação dos distúrbios funcionais, servem também todas as outras teorias psicológicas ainda vigentes hoje em dia. Nelas se tenta analisar mentalmente os sentimentos de angústia e de culpa como um composto químico. Trata-se sempre de atribuir sua formação a uma causa simples. Encontrando-a e eliminando-a, devem também desaparecer todos os produtos da angústia e da culpa dela provenientes. Para que este empreendimento teórico dê resultado, a psicologia utiliza a mesma operação mental que deu frutos valiosos na ciência da assim chamada natureza inorgânica. Também a psicologia vê a ordem meramente cronológica dos fenômenos como sendo uma cadeia causal. Isto quer dizer que ela ainda as reinterpreta, a priori, como uma sequência de acontecimentos nos quais sempre o fenômeno anterior causaria e produziria o posterior. De acordo com este conceito básico, certos psicólogos tomam também, por exemplo, a angústia de parto, por ser a primeira angústia na vida humana, como a causa primária das angústias posteriores; em primeiro lugar da assim chamada angústia dos oito meses dos lactentes perante estranhos, depois do medo dos objetos com os quais tiveram experiências desagradáveis; também do medo dos pais que repreendem, dos professores, das autoridades, do destino e finalmente, como exemplo, a causa até do medo de Deus.

Como por outro lado os pais incutem na criança os primeiros sentimentos de culpa através de ordens e proibições, constata-se também nestes produtos de adestramento levados de fora à criança a causa dos posteriores sentimentos de culpa, que provêm da própria consciência. Com isto, dizem os psicólogos, as imagens dos pais repressivos são projetadas cada vez mais para fora, ao mesmo tempo que seus mandamentos e suas proibições são introjetadas no próprio interior, na consciência ou no assim chamado superego. Seria então por isso que o ser humano se sente culposo e pecaminoso diante do seu professor, das autoridades e, finalmente, diante de Deus. Alguns psicólogos remontam a cadeia causadora da culpa muito aquém dos próprios pais, até um suposto parricídio tribal histórico, ocorrido na mais remota Antiguidade. Devido a tais acontecimentos prévios, o recém-nascido já traria consigo ao mundo, na psiquê, complexos preparados hereditariamente ou estruturas arquetípicas como causas primordiais dos sentimentos de angústia e culpa. Estas hipóteses extremas e fantásticas, entretanto, não modificam em nada o caráter e a finalidade das teorias psicológicas. Antes, deixam transparecer com maior nitidez o quanto a psicologia se importa em encontrar até mesmo a primeiríssima e suposta causa *própria* da angústia e da culpa humanas, para poder desmantelar psicoterapicamente seu efeito no assim chamado superego ou na consciência dos pacientes. Mas o que se prestaria melhor para tal desmantelamento da angústia e da culpa do que justamente o conteúdo dessas hipóteses psicológicas? Claramente elas provam aos sofredores o caráter meramente ilusório das ideias que os angustiam e dos escrúpulos que os censuram, pois desmascaram seu núcleo e sua causa como sendo um mero espantalho infantil precoce, que se tornou infundado.

Entretanto, na prática psicoterápica, essas teorias psicológicas não cumpriram, de forma alguma, as esperanças nelas depositadas. Seu argumento principal, do caráter ilusório dos sentimentos de angústia e de culpa, fez tão pouco efeito que atualmente, ao contrário, cada vez mais psicoterapeutas abandonam suas hipóteses de angústia e de culpa como sendo ilusões. De fato, ninguém pode ainda realmente se tornar psicoterapicamente livre da angústia e da culpa, baseado nas teorias psicológicas e da maneira como estas o prometiam. Particularmente ao método psicoterapêutico de desmantelamento da consciência resistem de modo tenaz os sentimentos escondidos de angústia e de culpa das atuais neuroses do vazio e do tédio. E como poderia ser diferente? Os psicoterapeutas que pensam de modo técnico-científico-cultural, através das assim chamadas cadeias causais dinâmicas, não sabem nada a respeito de sentido e meta, já que no mundo deles só existem conexões funcionais e causais, de sentido independentes, calculáveis e preestabelecidas. Como é que daí eles poderiam remediar a tediosa insensatez da qual sofrem seus pacientes? Quando muito, podem se consolar de sua impotência psicoterapêutica graças a novas hipóteses da causa. Eventualmente, eles procuram tal consolo na suposição de um instinto de morte excepcionalmente eficaz ou de um masoquismo moral primário, congênito, dele derivado.

Mas com uma tal proliferação de hipóteses, eles fecharam ainda mais os seus olhos diante das perigosas armadilhas e dos curto-circuitos mentais, os quais são inerentes às teorias de angústia e de culpa até agora vigentes. Por enquanto, eles se deixam consolidar cada vez mais no seu insistente desviar de olhos do fato decisivo, pela razão de que o princípio fundamental de suas teorias psicológicas já não se justifica por nada realmente palpável e demonstrável. Por nenhum fato, seja ele qual for, pode-se provar que e por que um fenômeno biográfico, só por ser ele cronologicamente anterior, deva ser a causa efetiva e a própria realidade de tudo que o segue; como não seria permitido degradar todos os fenômenos que ocorrem posteriormente pelo mesmo motivo puramente cronológico a meros produtos secundários, a formações reativas ou sublimativas e a epifenômenos do anterior.

Só a regular sequência cronológica dos fenômenos constitui fatos observáveis e estabelecíveis. Mas se projetamos nessa sequência cronológica qualquer relação derivativa, então marcamos com isto todos os fenômenos posteriores como não sendo autênticos, mas apenas derivações ou expressões dos anteriores. Desta maneira, desde logo, abrimos mão de toda possibilidade de compreender as próprias coisas na sua realidade verdadeira e imediata. Indiscutivelmente, tais teorias de causa e de expressão deixam também uma incerteza total acerca da natureza das causas, daquilo que se quer expressar, e do que estas supõem estar por detrás dos fenômenos.

Todavia, no campo específico da angústia humana, é também pura especulação, sem nenhuma base perceptível, não se admitir como fenômenos genuínos e originais os temores do Nada filosófico que aparecem bem tarde na vida humana, ou da perda do amor de Deus e, com isto, da vida eterna; não os considerar da mesma forma (genuíno e original) que se consideram as angústias precoces da perda da integridade física, da perda do prestígio pessoal, dos bens materiais, ou ainda, as angústias infantis mais precoces dos poderes instintivos e impulsivos, ou da perda do abrigo materno, ou até, caso isto exista, a primeiríssima angústia ao nascer.

A mesma objeção tem que ser levantada contra uma derivação causal de sentimentos de culpa que aparecem *posteriormente* aos *anteriormente* observados. Também aqui inexiste qualquer tipo de prova que confira o direito de avaliar os tardios sentimentos de culpa de um ser humano diante do seu destino ou diante de Deus como sendo menos genuínos, menos originais, em comparação aos sentimentos de culpa anteriores diante das autoridades, dos professores e dos pais. De modo algum serve como argumento a favor da pretensa realidade mais original e causadora dos sentimentos de culpa anteriormente apreciados e somente causadora de caráter apócrifo, epifenomenal das posteriores – a habitual indicação de que os sentimentos de culpa anteriores se referem, a "credores"[7] pessoas palpáveis (ou seja, os pais ou professores), enquanto os posteriores antes se mostram "apenas" dentro da assim chamada esfera espiritual. Uma tal argumentação devia se pretender ser válida, antes de mais nada, poder tornar compreensível o modo como se realiza uma tal evolução de fenômenos espirituais, partindo-se de fenômenos palpáveis. Já se tornou, porém, um lugar-comum encarar a essência do materialismo clássico-científico-natural da passagem do século não como algo primariamente material; pelo contrário, admite-se que ele representa uma ideia, uma crença, sobre cujo conteúdo de verdade não se pode discutir cientificamente, do mesmo modo como não se pode em relação à crença cristã ou à filosofia budista.

---

7 N.T.: Em alemão *Schuld* significa tanto culpa quanto dívida, daí a razão dos "credores".

CAPÍTULO III

TENTATIVA DE UMA NOVA REFLEXÃO

Por tudo que vimos até agora, fica claro o domínio quase que total, no campo da psicologia, psicopatologia e psicoterapia, da mentalidade dinâmica que objetiva o homem e que opera em cadeias de causa e efeito; também não resta dúvida quanto a sua inerente inconsciência e falta de base. Com a apressada elaboração de forças e causas que atuam por trás dos fenômenos, desde logo perdemos os próprios fenômenos de vista. Pois, como já dissemos, todas as explicações causais-genéticas e psicodinâmicas degradam sempre o conjunto dado de fenômenos imediatos a algo meramente derivado, não autêntico, até irreal. Por mais que as suposições racionais das nossas psicologias nos ensinem uma manipulação hábil da "psiquê" humana, o dano que causa a desrealização por ela provocada será necessariamente maior, num sentido essencial, do que seu possível proveito. Por isso, para nós, psicoterapeutas, nada se apresenta mais urgente do que desistir de uma vez por todas, e com toda sinceridade, de sempre decompor o ser humano com a ajuda de teorias psicológicas. Antes, trata-se de recuperar o devido respeito diante da autenticidade e originalidade dada de cada fenômeno humano. Temos que permitir que exista o que se manifesta, como aquilo que ele mesmo revela. Tampouco podemos continuar a incorrer no engano usual das atuais ciências naturais, que querem nos fazer acreditar que as formas mais diferenciadas, mais ricas, seriam constituídas de pré-formas ou parcelas mais simples a serem compreendidas através destas. Ao contrário, partindo-se da coisa em si desde logo, é bem provável que os fenômenos do nosso mundo, cada vez mais desfraldados, saibam nos dizer mais, e mais detalhada e distintamente, sobre sua essência, do que os respectivos fenômenos ainda encobertos das crianças e dos animais.

Por isso, temos também que nos guardar de querer sempre explicar a priori os fenômenos de angústia e culpa humanos, em nosso pensar analítico, com quaisquer causas meramente supostas por trás deles. Antes interrogaremos os próprios fenômenos intactos de angústia e de culpa, sobre o conteúdo que expõem imediatamente. Então perceberemos em primeiro lugar que toda angústia e toda culpa, cada uma delas propõem duas questões fundamentais próprias, de cuja resposta conveniente depende toda a compreensão de seu sentido. Cada angústia humana tem um *de que*, do qual ela tem "medo"[8] e um *pelo que*, pelo qual ela teme. Cada culpa tem um o *que*, que ela "deve", e um *credor*[9] ao qual ela está devendo.

A – DA ESSÊNCIA DA ANGÚSTIA

O *do que* de cada angústia é sempre um ataque lesivo à possibilidade do estar-aí (*Dasein*) humano. No fundo, cada angústia teme a extinção deste, ou seja, a possibilidade de um dia não estar mais aqui. O *pelo que* da angústia humana é, por isso, o próprio estar-aí, na medida em que ela sempre se preocupa e zela só pela duração deste. Por isso as pessoas que mais temem a morte são sempre as mesmas que mais têm medo da vida, pois é sempre o viver da vida que desgasta e põe em perigo o estar-aí.

Com razão os zoo-psicólogos e os pediatras dão grande valor à angústia da perda do abrigo familiar ou do cuidado materno. Pois tanto para o animal, caso em que podemos falar dos tais "significados" antropomórficos, como para a criança, uma tal perda significa o maior perigo de vida possível. Dizem os zoólogos, pesquisadores do comportamento, que o animal experimenta o medo mais catastrófico quando se ameaça seriamente a segurança daquilo que ele julga ser seu ninho protetor. Se os caçadores de coelho privam suas presas do abrigo de sua toca por meio de uma pequena fera, o furão, que eles introduzem à força no refúgio dos coelhos, a vida destes já está definitivamente aniquilada, mesmo

---

8 N.T.: Em alemão, *Angst* significa tanto angústia quanto medo.
9 N.T.: Vide nota de rodapé número 7.

quando os coelhos assim expulsos não são abatidos, mas aprisionados. Por mais metodicamente que eles sejam cuidados e alimentados, em breve morrem de um Basedow-de-susto, de um dano irreparável da função tireoidiana provocado pelo medo sofrido. Se o abrigo e a segurança vital de um lactente humano não está assegurado por ele estar rodeado de indiferença e até de rejeição em vez do amoroso cuidado maternal, também ele morre, pelo menos psíquica e afetivamente, já petrificado de medo, quando mal começa a viver.

Todavia, por mais amparado que tenha sido o lactente, a criança brevemente terá que experimentar a angústia, ora em maior ora em menor medida. Esta é a chamada angústia interna instintiva. Mesmo uma criança de três ou quatro anos pode acordar sobressaltada noite após noite, em virtude de nos seus sonhos ver aproximar-se, sempre reiterada, a mesma bola gigantesca e escura. Este acontecimento onírico corresponde à aproximação turbulenta de todo o seu futuro humano. No entanto, na sua fragilidade infantil, ela ainda não se sente capacitada a aceitá-lo e carregá-lo. Por isso, sonhando, ela teme sua carga como uma monstruosidade esmagadora. Nos pesadelos infantis com animais ferozes, assaltantes ou incêndios devastadores, que de vez em quando perturbam as noites de praticamente todas as crianças, estas temem a destruição de sua situação humana regulada e conhecida, no caos de forças compressivas, dominantes e incontroláveis de sua vitalidade natural. Não é difícil demonstrar também nas angústias doentias dos adultos, nas fobias patológicas, o mesmo medo da destruição da própria situação humana, deles já conhecida. Diante do aparecimento de uma cobra ou de um ratinho, destes seres que deslizam tenebrosamente, que irrompem imprevisíveis da escuridão da terra, até diante da escuridão suspeita da noite, eles experimentam a possibilidade de poderes que os fazem temer a destruição de sua vida bem harmonizada, segura e convenientemente adaptada, e de seu mundo estruturado. Além disso, outros pacientes entram em sobressalto diante de facas, tesouras ou outros objetos pontiagudos, pois estes tornam óbvia a possibilidade de lesar e furar sua pele, a qual os protege e ao mesmo tempo os molda. Mas uma tal percepção é demais para pessoas cuja pele, num sentido humano mais amplo, assim chamado figurado, de uma maneira ou de outra, se tornou fina demais e já está rompendo. Finalmente, há pessoas que têm que fugir claustrofobicamente dos aposentos fechados de um teatro, pois vivências desta forma de isolamento as fazem sentir de maneira insuportável a excessiva restrição e limitação de sua situação humana.

Portanto estas chamadas angústias internas das crianças e dos adultos fóbicos também são sempre medos da destruição e do não-poder-mais-ser deles próprios. O mesmo evidentemente é válido para as chamadas angústias reais, ou seja, as angústias nas quais uma criança começa a temer os objetos com os quais ela teve, de fato, experiências desagradáveis, pelas quais também os adultos têm medo de um leão solto ou de um inimigo humano mais forte, ou recentemente, sobretudo, da bomba atômica. Só que no fundo, a verdadeira, a grande bomba atômica já estourou séculos atrás. Falamos daquela bomba atômica espiritual, a qual começou a atomizar e pulverizar nosso mundo, quando as ciências naturais-analíticas declararam serem as coisas de nossa terra e de nosso céu um simples acúmulo de massas moleculares e de movimentos ondulatórios, e assim as destruíram como as coisas que eram até então. Uma rosa vermelha, por exemplo, continua sendo uma rosa vermelha se seu vermelho é tido no fundo como um mero feixe de ondas eletromagnéticas de frequência e amplitude mensuráveis, sendo que seu próprio vermelho é tido como uma ilusão do cérebro humano? Não é de se admirar que logo no início deste apocalipse científico-mental e desta realidade escavacada pela técnica surgisse uma crescente necessidade de segurança. Por isso foi também um dos primeiros pensadores científico-naturais, a saber, Leibnitz, quem concebeu a ideia do seguro de vida.

No entanto, que outra coisa, a não ser esta angústia maior e mais atual, poderia trazer à luz com maior clareza e insistência o fato de que ela é sempre medo da morte, medo *pelo* estar-aí e medo *da* destruição deste? De nada, porém, o ser humano tem tanta certeza como a de que um dia ele tem que morrer. Portanto não terá o ser humano durante toda a vida razão suficiente em temer pela sua vida, em ter medo de sua morte, do seu não-poder-mais-ser? Portanto não será a angústia necessariamente inerente à vida, como um dote do nosso estar-aí, do qual não é possível, nem psicoterapicamente, se livrar? Então o que se passa com a culpabilidade humana?

B – DA ESSÊNCIA DA CULPABILIDADE

De imediato os sentimentos de culpa não podem ser distinguidos tão facilmente do medo de castigos. Durante muito tempo vemos os nossos filhos se tornarem conscientes de culpa apenas quando não cumprem uma ordem ou quando transgridem uma proibição e por isto, com razão, esperam um castigo. No entanto, também mais tarde, a culpa e o medo do castigo ainda continuam intimamente ligados. Mesmo atrás da obediência que os seres humanos devem a seus deuses ou a seu deus, continua o medo de castigos infernais. Não só as igrejas cristãs ameaçam seus fiéis culposos com o diabo. Já muito antes destas, as antigas escritas hindus advertiam os carregados de culpa com quadros infernais, os quais se assemelham, até nos detalhes, com a organização do posterior inferno de Dante. Nem se fala das obrigações que os povos atuais devem aos seus governos e às suas ideologias. Quanto medo de dano ou de aniquilação social ou até física é a raiz do seu agir correto e consciente de culpa?

A partir disso, poderia parecer evidente o ponto de vista das psicologias naturalistas, segundo o qual não existe a tal culpabilidade original, genuína e própria do ser humano, sendo todos os sentimentos de culpa incutidos de fora. Muitos que pensam assim creem poder fundamentar suas precipitadas teorias com dois argumentos importantes. Primeiro, eles apontam a semelhança, ou até a concordância, entre as imagens divinas e as das autoridades que várias pessoas têm com a imagem do caráter dos próprios pais destas. Até a própria língua fala, por exemplo, de um pai-Estado, de uma mãe-Igreja. Em segundo lugar, dizem eles, haveria indubitavelmente pessoas que conseguiriam resistir à imposição de sentimentos de culpa de fora, pessoas que gozam a vida plena e egoisticamente, sem escrúpulos, num estado original de não culpa. Até a psiquiatria se viu na contingência de criar uma rubrica própria para estas pessoas e as classificou como casos de "idiotia moral" mais ou menos acentuada.

Na verdade, esses argumentos e essas tentativas de derivação da culpabilidade humana não têm pé nem cabeça. Já mencionamos que todas elas se baseiam na aplicação errônea daquela operação mental científico-naturalista, a qual quer declarar como sendo anterior à causa efetiva do posterior só pelo fato de ter surgido antes. Além disso, vista de perto, uma teoria que acredita poder transformar, por meio de qualquer pressão exterior, um fenômeno de angústia, partindo-se dela mesma num sentimento de culpa, corresponde à pura magia. A não ser que realmente alguém soubesse dar uma resposta satisfatória à pergunta de como se poderia suceder uma tal transformação de angústia em culpa. Uma crescente pressão externa de coisas sempre mais temíveis provocará apenas angústia e cada vez mais angústia.

Igualmente desgastado é o argumento que indica a *concordância* dos sentimentos de culpa de muitos dos assim chamados cidadãos adultos em relação a suas autoridades políticas, de muitos dos fiéis aparentemente maduros em relação a seus sacerdotes, com os sentimentos de culpa das crianças em relação a seus pais. Será que o fato de muitas rosas não crescerem além do estado de botão e morrerem como botões serve como argumento de que fundamentalmente, na realidade, todas as rosas desabrochadas por completo seriam somente botões deformados de rosas? Por outro lado, um poder-se-sentir-culpado maduro, diante do seu deus, ou do seu destino ou do seu ser-humano, será inautêntico, derivado, deslocado e projetado só porque numa criança também pode acontecer um estar-culpado diante do pai? O fato de que os sistemas solares infinitamente grandes, com seus planetas, se parecem tanto com as proporções infinitamente pequenas do átomo com seu núcleo e seus elétrons, seria uma prova que os sistemas solares são apenas ilusões do espírito humano, imagens dos átomos da matéria terrestre projetados na abóbada celeste?

Até o segundo argumento, que quer provar o caráter meramente secundário de todos os sentimentos de culpa humanos, dando destaque ao surgimento da idiotia moral, se parece com a tentativa ridícula de querer entender a essência humana através de uma outra forma defeituosa, ou seja, a ainda mais divulgada idiotia mental.

Mesmo que as angústias apareçam biograficamente bem antes que os sentimentos de culpa, mesmo que as formas tardias dos fenômenos de culpa humanos se pareçam muito com as formas precoces deles, o próprio poder-se-sentir-culpado dos seres humanos permanece, em cada fenômeno de culpa, num estar-culpado autóctone de originalidade e essência próprias. Se não pertencesse à essência do ser humano o poder-ser-culpado como tal, como um traço básico, próprio e totalmente original, jamais um pai poderia tornar consciente de culpa um filho obstinado; nem um sacerdote, um fiel omisso; nem um chefe capitalista, um empregado negligente; nem um comissário do povo, um camarada que não cumpre o plano. Por isso, já o dissemos, ao contrário de todas as expectativas depositadas nas teorias naturalistas, nenhuma psicanálise conseguiu que um analisando se sentisse, real e basicamente, livre de culpa. Quando muito, e voltaremos a falar disto, as psicoterapias conseguem uma alteração dos conteúdos concretos dos sentimentos de culpa dos pacientes, mas nunca um reconduzir do ser humano ao estado de não culpa do recém-nascido ou de um selvagem hipotético, não existente na realidade, que não tivesse escrúpulos. Mesmo assim, até Freud ainda considerava a mentalidade da criança e a de um assim imaginado selvagem como sendo o estado original, próprio e ainda intacto do ser humano.

Daí termos renunciado, de uma vez por todas, às tentativas desesperançadas da *explicação* da culpa. Nunca mais atribuirmos os sentimentos de culpa que aparecem mais tarde a sentimentos de culpa que se mostram biograficamente anteriores; e não faremos destes, por sua vez, produtos enigmáticos, transformadores de angústia, e não queremos remontar, novamente, até as mais precoces angústias de algo; por exemplo, até às causas energético-libidinais. Só faremos justiça, tanto à angústia como à culpabilidade humanas, se deixarmos cada fenômeno de culpa concreto, seja ele como for, assim como ele se mostra de imediato, mas investigando com um cuidado ainda maior sua própria essência. Nisto a própria língua alemã nos dá uma indicação. *Schuld* (culpa) deriva da palavra do antigo alto-alemão *Sculd*. Mas, arcaicamente, *Sculd* apenas significava aquilo que carece e falta; e, realmente, algo sempre e perpetuamente falta na vida do ser humano. A criança "deve" respeito e obediência ao pai. Mais tarde o jovem "deve" ao professor o cumprimento das lições. O adulto "deve" ao Estado moderno a ajuda para o aumento do potencial econômico dos meios de produção. O fiel "está em falta" com o cumprimento dos preceitos religiosos; o descrente "deve" ao destino o suportar de toda uma vida. Pelo menos quase todos os descrentes agem como se também para eles valesse a antiga parábola dos talentos enterrados. Parece então que até sua morte o ser humano não consegue chegar ao fim livre do estar-culpado, tal como parece acontecer com a angústia.

Angústia e culpa seriam, então, hipotecas igualmente pesadas, árduas e esmagadoras do estar-aí humano, cargas inevitáveis desde a infância que não podem ser liquidadas no decurso da vida?

CAPÍTULO IV

O CAMINHO PARA A LIBERTAÇÃO

A – DA SUPERAÇÃO DA ANGÚSTIA

Se for assim, decerto todos os esforços psicoterápicos continuarão sendo para sempre empreendimentos vãos e desesperançados, mesmo que sejam promovidos muitos Congressos Internacionais em honra da psicoterapia. Apesar disto, será que existem caminhos que conduzem à libertação?

Já dissemos que toda a angústia é fundamentalmente medo da morte, do não-poder-mais-estar-aqui; e a morte face à essencial limitação do ser humano está, inevitável e constantemente, diante de nós. Mas como se explica haver, mesmo assim, pessoas sem angústia, pessoas que morrem sem angústia, realmente sem angústia? (Não se trata daquelas que apenas escondem suas angústias por trás de barulhentas ações de valentia e agressão.) Por exemplo, vemos algumas crianças expirar a vida, sem angústia, quietas e com um sorriso feliz. Será que não sabem o que a morte propriamente significa, que de fato se trata do seu próprio ocaso? Todavia também adultos, por exemplo, aqueles que amam profundamente, que conhecem muito bem o significado da morte, sacrificam a vida alegremente. Quanto ser humano jovem e cheio de vida já tomou a seu cargo, sem angústia, a morte pelo amado ou pela amada! Diz-se que também os heróis sacrificam a vida, sem medo algum, por amor à pátria ou a uma ideologia política, ou a um futuro melhor para a humanidade. Para inúmeros santos, a morte pela honra de seu deus foi pura alegria. Também parece pertencer à vida humana este contrapoder à angústia que se manifesta nos fenômenos do amor, da confiança e do estar-abrigado. Não a coragem. Esta só está onde ainda domina a angústia. A coragem pode enfrentar a angústia. Onde não há angústia a ser superada, não é preciso coragem. Mas onde reinam o amor, o estar-abrigado e a confiança, toda angústia pode desaparecer. No entanto não existiria também para os que amam e para os que confiam a certeza do ter-que-morrer-uma-vez, certeza daquela possibilidade que o angustioso teme tão terrivelmente como sendo o fim do seu poder--existir? Certamente, o que ama sabe disto tão bem como o angustioso. O ser humano, porém, só pode temer mortalmente por aquilo que ele considera o seu estar-aí e o seu poder-ser.

E se aquele que ama e que confia souber sentir outra coisa e muito mais em relação ao poder-ser-humano? Se ele souber experimentar as possibilidades do ser humano de forma diferente e mais rica do que o angustioso, o qual, hoje mais do que nunca, se aflige e teme pela sua vida, pelo poder-continuar do seu Eu, teme por sua subjetividade e por sua personalidade?

É possível que incontáveis seres humanos reajam em suas angústias mortais aproximadamente como se sua essência se assemelhasse à pele velha de uma cobra que está na época da muda. Do ponto de vista da pele que se torna apertada demais, que se arrebenta e perece, o trocar de pele é realmente um acontecimento catastrófico que esta pele de cobra tomaria, e com razão, como sendo o ocaso definitivo, pudesse ela compreender toda a essência da cobra em si mesma. Pelo contrário, o processo de trocar a pele é, para a cobra como tal, e no seu todo, o oposto de um morrer: é um criar espaço para seu crescer e amadurecer.

Sobre a essência da costumeira angústia humana, nossos sonhos nos ensinam ainda mais. Se cada psicoterapeuta só ficar atento para isto, pode fazer, quantas vezes quiser, a experiência aparentemente paradoxal de seus analisandos sonhando angustiados com o próprio ter-que-morrer, justamente quando se encontram no início de uma nova fase de cura e desdobramento. Deixem-me dar um esboço curto como ilustração: a sequência de sonhos de uma jovem de 25 anos. No início de sua psicoterapia, enquanto a paciente ainda era um ser neuroticamente atrofiado, humanamente imatura, aparecia sempre em seus sonhos a mesma figura feminina. Ela encontrava uma mulher, envolvida em cinza-escuro e, julgando-se pelo aspecto externo, já de uma idade madura, aparentando grande vitalidade e forte autoconfiança. A partir de uma certa fase de seu tratamento, esta "Deusa do Destino", como a sonhadora chamava a sua mulher do sonho, aparecia repetidamente como juiz. Ela regularmente condenava a paciente à morte por causa de um crime grave, mas desconhecido. Durante muito tempo, esses sonhos terminavam quando a sonhadora acordava em sobressalto, banhada em suor de angústia da morte, imediatamente antes de sua execução. Mas, durante a continuação do tratamento, essa "Deusa do Destino" se tornava cada vez mais amável, descobria sua forma a olhos vistos e aparecia logo como mulher convidativa, madura e cheia de vida, que queria levar a nossa sonhadora para viajar. Numa noite ela até apareceu à sonhadora medrosa como sua própria irmã gêmea, inexistente na vida acordada, a qual a ajudava a costurar o enxoval. Daí por diante e através da mulher do sonho, a paciente podia reconhecer, e dar boas vindas, à possibilidade de seu próprio estar-maduro feminino. Mas antes disto, em seus sonhos, ela só podia temer o ocaso necessário da sua antiga condição infantil, estreita e escondida exigida pelo amadurecimento e desdobramento de sua existência, como sendo uma apavorante destruição total. Um grande e paciente trabalho psicoterápico teve que ser realizado até que a paciente pudesse reconhecer no ter-que-morrer fundamental sua libertação para um estar-aí amplo e são.

O motivo onírico do crime apontado, pelo qual a sonhadora se sentiu culpada nas cenas de tribunal, devemos deixar de lado por enquanto. Ainda não estamos suficientemente preparados para sua compreensão.

Contudo não mais atribuiremos a priori o morrer sem angústia de algumas crianças a uma noção demasiadamente limitada da essência da morte. Antes começaremos a indagar se, ao contrário, essas crianças não seriam capazes de sentir essencialmente mais em comparação com aquilo que sente o adulto que morre angustiado, envolvido na sua subjetividade.

Do mesmo modo, seria possível mostrar àqueles que amam, despertos e adultos, a essência do estar-aí humano na abertura de seu amor, e numa forma que abrange mais e mais sinceramente do que seria possível aos que estão envolvidos pelo angustioso cotidiano. Não está a palavra alemã *Angst* ligada à latina *Angústia* e à grega *Ancho*, à estreiteza, ao apertado e estrangulado? Portanto parece que o próprio nome, angústia, indica que o estar-aí, quando está em consonância com a angústia, só pode ser visto como algo estrangulado. De fato, a angústia do ser humano atual costuma retroceder tanto sua autocompreensão e limitá-la de tal forma que ele compreende a si próprio apenas como uma gota d'água solitária, trêmula, suspensa no ar; mas o oceano, do qual ele provém e ao qual ele pertence, devido a sua essência, deste, ele não pode nem suspeitar? Ao contrário, na condição do amor, o estar-aí está aberto a uma experiência totalmente diferente, experiência esta que permite reconhecer aquilo que os seres humanos normalmente chamam de morrer como sendo o contrário do não-poder-mais-estar, como sendo um íntimo abrir-se e aprofundar-se no amado como um todo.

Por conseguinte, a angústia cotidiana dos seres humanos pode ser anulada na experiência amorosa do pertencer imediato a um fundo inabalável, basilar. Ela pode até dar lugar a uma expectativa alegre, porque, na experiência do amor, o morrer da condição físico-psíquica da vida trivial, diária, é considerado bem diferente de uma destruição, como uma passagem para uma experiência mais rica e mais aberta. Mas o angustioso que quer marcar e degradar esta experiência amorosa, encarando-a como mera ilusão, um ideal metafísico, não deveria esquecer que ele não pode provar, de forma alguma, e por nenhum meio, menos ainda com teorias científicas psicológicas, a realidade supostamente maior e mais real de seu círculo de experiência estreitado pela angústia. Pior de que isso, um tal angustioso não faz justiça à própria angústia humana. Ele ainda não sentiu nem de longe sua verdadeira mensagem. Pois ele não seria angustioso desta forma se não tivesse deixado atrofiar "psicologisticamente" sua própria angústia, se não pudesse vê-la exclusivamente da perspectiva reduzida de um subjetivismo moderno centrado na assim chamada personalidade humana. Entretanto, se alguém se mantém realmente aberto à essência total e não disfarçada da angústia, é aí justamente que ela abre aos seres humanos aquela dimensão de liberdade na qual, e só então, se possibilita o desdobrar das experiências do amor e da confiança. Pois a angústia, liberada da mesquinhez subjetivista, do mesmo modo que o amor, leva o estar-aí humano não só à possibilidade do maior e do mais rico, mas também, imediatamente, à possibilidade do totalmente diferente diante de tudo que, antes de mais nada, é, e que, como *algo que é*, tem, ainda assim, seus limites restritivos. Em outras palavras, ela ainda abre para a dimensão bem diversa do "Não Estar" do "Nada", mas daquele grande nada que, ao contrário do vazio da nulidade meramente niilista, abriga tudo dentro de si, e de tal forma que ele tanto pode encobrir como também nos desvelar e desvelar as coisas do nosso mundo. Por isso, a angústia, vivida em sua mais profunda essência, não só não contradiz o amor como seu contrapoder, mas até rompe toda a angústia subjetivista e psicologista; e sempre superando-se a si mesma – abre o caminho do amor ao infinito, que tudo abriga e não simplesmente É.

B – DA SUPERAÇÃO DA CARGA DE CULPA

A culpabilidade, porém, ainda permanece. Será que também ela, como a angústia, pode ser superada? O que é que ela propriamente "deve", em todos estes milenares sentimentos de culpa padronizados e patológicos, no sentimento de culpa da criança diante dos pais e dos professores, no dos adultos em seu relacionamento com o próximo, com o Estado, com Deus, com o destino, com a vida? E quem é o credor específico dessas culpabilidades?

Como a culpa é aquilo que carece e falta, a essência da culpabilidade humana só pode ser entendida face à plenitude e à realização da existência humana. Nesse sentido é preciso saber como andam nossas compreensões psicológicas e médicas da condição total da essência humana. É provável que elas nunca tenham sido tão escassas como nos dias de hoje. Os atuais filósofos, psicólogos e biólogos baseiam sempre suas determinações da essência humana, a princípio, em múltiplos conceitos e ideias completamente confusas. Uns iniciam seu conhecimento do ser humano com a suposição de ser ele, no fundo, somente um organismo biológico, físico, no qual está apenso um produto de secreção, um epifenômeno mais ou menos insignificante, a psiquê. Outros declaram ser o ente humano um produto de adição de dois órgãos, corpo e alma. Outros, ainda, introduzem em sua ciência do ser humano o conceito básico, essencial, de um Eu, de um sujeito, de uma pessoa. Mas todos eles esquecem de esclarecer-nos o que seriam no fundo estas coisas, das quais eles fazem os conceitos básicos de suas doutrinas. Em vão, procuramos em seus escritos discussões satisfatórias sobre a condição básica e a natureza desses organismos – órgãos, Eus, sujeitos e pessoas –, os quais nos fariam entender por que o ser humano, com a ajuda deles, só pode proceder da maneira como ele de fato faz; e por que, entre outras coisas, ele eventualmente é capaz de se sentir culpado. Por isso, se para a compreensão da culpabilidade humana queremos criar bases realmente fundamentadas, não podemos dispensar o reinício de todo o nosso pensar sobre o ser humano. Temos que nos perguntar, por exemplo: "Como sou eu?", "De que espécie somos nós para que possa acontecer algo tão simples, como o fato de eu, logo ao entrar nesta sala, ter podido vê-los e entendê-los como meus ouvintes co-humanos e, do mesmo modo, os senhores terem podido me ver imediatamente como sendo o conferencista desta noite?". Os senhores sabem que a tentativa de explicação mais primitiva, puramente biológica, opera baseada na afirmação de que a retina seria estimulada pelos raios de luz que emanam dos objetos do mundo externo, e então esses estímulos da retina seriam conduzidos para cima até o córtex, onde seriam transformados em imagens e pensamentos. Mas com isto, os biólogos ficam nos devendo justamente a resposta à questão decisiva: como se procede tal transformação de processos estimulantes físico-químicos nas células cerebrais, em conteúdos espirituais significativos e numa compreensão dos fenômenos como aquilo que são. Se os senhores só aceitam, aberta ou veladamente, a possibilidade de um semelhante processo de evaporação, os assim chamados pesquisadores científico-naturais movem-se num mundo de imagens totalmente mágicas. No entanto, aí onde o ser humano é visto primariamente como um organismo psíquico-físico – um sujeito ou uma pessoa – continua inexplicada a questão decisiva de como e por que estas formações de natureza desconhecida conseguem, partindo delas mesmas, dar um passo até os objetos do mundo, compreendê-los e entendê-los.

Felizmente a experiência própria e imediata nos mostra que não é preciso esse transcender do ser humano do interior de uma psiquê, de um sujeito ou de uma pessoa, porque não existe tal interior. Pois os senhores mesmos digam o que aconteceu propriamente quando nos encontramos aqui há uma hora! Certamente os senhores não se descobriram como Entes, que estariam, por enquanto, encerrados em organismos físicos delimitados por uma pele. Nem os senhores existiriam primariamente dentro de um Eu, de uma psiquê, de um sujeito ou de uma pessoa, recipientes psíquico-físicos dos quais tiveram que sair antes de chegar até mim com sua compreensão. Tampouco eu me vivencio como algo contido dentro do meu corpo, de mim mesmo. Antes, todos nós, desde o início, já estivemos "fora", presentes no espaço deste auditório, estirados na abertura deste âmbito do mundo, aberto e aclarado a nós, na compreensão do encontro comum. Mas, antes de tudo, todos nós já nos encontramos com as mesmas coisas que nos interessam aqui e agora, isto é, com a angústia vital, com os sentimentos de culpa e com a libertação psicoterápica.

Assim, pois, existimos sempre e fundamentalmente como seres humanos, nesta ou naquela relação com uma coisa que encontramos, com uma planta, com um animal ou o próximo. *Somos* aquela relação compreensiva na qual o que nós encontramos pode aparecer como aquilo que originalmente é; relação na qual a coisa pode revelar-se e mostrar-se nas suas conexões significativas. Por isso, ainda hoje, tudo que é perceptível é chamado de fenômeno: uma palavra que deriva do grego *phainesthai,* e que significa nada mais do que aquilo-que-se-mostra. Mas onde algo pode revelar-se, pode aparecer, pode mostrar-se e pode fazer-se compreender, é preciso, desde o início, que haja uma luz, uma claridade, um âmbito de claridade dentro do qual pode acontecer um semelhante revelar, aparecer e poder-ser. Por isso nossa experiência mais original e concreta nos permite entender que a condição básica do ser humano é que nem uma clareira, da qual os fenômenos de nosso mundo necessitam para poder aparecer e ser dentro dela. Em outras palavras, de acordo com nossa percepção imediata, o ser humano se mostra como aquele ser, do qual o nosso mundo precisa, como o âmbito de claridade necessário para poder-aparecer, para poder-ser. Justamente é este deixar-se-necessitar, e nada mais, que o ser humano "deve" àquilo que É e que há de ser. É por isso que todos os sentimentos de culpa se baseiam *neste* ficar-a-dever. Ficar-a-dever que é, se os senhores quiserem, a culpabilidade existencial do ser humano. Não há, consequentemente, nenhum fenômeno da consciência humana que não deva e não possa ser entendido, no fundo, como um chamado e uma advertência para cumprir a missão humana de guardião e pastor de tudo aquilo que tem que aparecer, que ser, e que quer se desdobrar na luz de uma determinada existência humana. Por isso agora é fácil entender a culpa, inexplicavelmente pesada nos sonhos da paciente antes mencionada, pela qual ela tinha que se justificar reiteradamente diante da sua "Deusa do Destino" como juíza. Naquele tempo, aquela mulher em sua atrofia e seu recolhimento neurótico, de fato, ficou devendo muitíssimo à realização de suas possibilidades vitais, e foi *com isso* que ela realmente cometeu o crime dos crimes em relação à sua vida. Entretanto, na medida em que se recuperava pouco a pouco no tratamento psicoterápico e o seu agir e não agir despertado correspondia amplamente, dentro de suas possibilidades, às reivindicações de tudo que encontrava, as severas acusações oníricas cessaram pronta e definitivamente. Decerto, diante de tal fundo, a culpabilidade humana não pode mais ser reduzida a sentimentos de culpa psicológicos meramente subjetivos, ou até adestrados de fora, que possam ser eliminados analiticamente. O ser humano é essencialmente culpado, e assim permanece até sua morte, pois sua essência não se realiza antes de ele ter levado a termo todas as possibilidades de exploração provenientes de seu futuro e antes de ele ter deixado desabrochar os âmbitos do mundo que aparecem na luz de sua existência. Mas o futuro do ser humano, ele só o alcança completamente no momento da morte.

Contudo o ser humano pode também fechar-se diante das reivindicações daquilo que vem ao seu encontro. Justamente a possibilidade de corresponder ou de esquivar-se àquela reivindicação das coisas, forma a característica básica da liberdade humana. Mas se ele assume livremente seu estar-culpado diante das possibilidades vitais dadas a ele, se ele se decide, neste sentido, a um ter-consciência e um deixar-se-usar adequado, então ele não mais experimenta o estar-culpado essencial da existência humana como uma carga e uma opressão de culpa. Carga e opressão serão superadas pela vontade que deixa feliz de estar à disposição, sem reservas, de todos os fenômenos, como seu guardião, como seu âmbito aclarador de aparecer e desfraldar. Ao estar-solicitado e ao estar-chamado por tudo aquilo que quer aparecer na luz de sua existência, abre-se também ao ser humano o inesgotável sentido de sua própria existência. É deste sentido que se determina, por ele mesmo, o procedimento "moral" do ser humano, sem ser preciso acrescentar ao seu agir valores éticos ulteriores e sem fundamentos.

Como vimos antes a angústia superar a si mesma e renunciar a sua estreiteza, assim também vemos o estar-culpado humano perder seu caráter opressivo de carência. Aqui como lá, era preciso que nossa compreensão ultrapassasse um pouco o subjetivismo metafísico de nossa atual psicologia.

CAPÍTULO V

A NOVA REFLEXÃO COMO FUNDAMENTO DAS POSSIBILIDADES DE LIBERTAÇÃO PSICOTERÁPICA

As visões da essência de angústia e culpa humanas de que tratamos até agora podem se tornar os fundamentos básicos da libertação psicoterápica dos pacientes, das amarras dos seus sintomas psiconeuróticos dos pacientes. Achamos até que nenhum psicoterapeuta, caso ele mereça ser assim chamado, pode dispensar totalmente tais noções. Existem, contudo, médicos de renome, e até filósofos, que afirmam exatamente o contrário; que advertem os psicoterapeutas por se ocuparem com questões sobre a essência, sobre a existência dos seus pacientes. Esses filósofos dizem que os psicoterapeutas devem se limitar a reparar uma a uma as funções psíquicas, assim como o fazem os médicos com o corpo humano doente. Entretanto, pode haver maior absurdo e impossibilidade do que isto? Será que o simples fato de levar até o paciente esta concepção (concepção que presume a existência de funções psíquicas isoladas e que podem ser tratadas psicoterapicamente em separado) já não implica um procedimento altamente filosófico? E, ao mesmo tempo, não se trataria de uma intervenção muito radical na existência daquele que pede ajuda? Só que tal intervenção filosófica existencial estaria baseada numa definição da essência que mutila o homem, e que, portanto, jamais poderia dar resultado terapêutico.

Mas não são apenas certos filósofos insensatos que não querem que nós, psicoterapeutas, nos intrometamos nos negócios deles. Alguns teólogos acham que nos devem proibir uma participação nos pensamentos e nas ideias religiosas que aparecem no tratamento psicoterápico dos nossos pacientes. Entretanto eles não nos mostram nenhum caminho que nos permita cumprir sua proibição sem graves danos para os pacientes. Se os instruirmos a não nos dizer nada a respeito de suas experiências e preocupações religiosas, mas, pelo contrário, a levá-las unicamente ao padre, aí nós ferimos a regra básica da psicoterapia, a da veracidade sem reservas diante do psicoterapeuta; e isso de uma forma que põe mais do que em dúvida qualquer êxito substancial de um tratamento psicoterápico. Além disso, imporemos aos nossos pacientes, nada menos do que dividir-se entre os cuidados de uma cura d'alma e os de um psicoterapeuta. Por isso os padres têm que nos conceder que assunto religioso venha também a ser discutido no tratamento psicoterápico, onde e como ele queira se mostrar. É evidente que diante disto o psicoterapeuta deve proceder da mesma forma como diante dos outros fenômenos humanos que aparecem no tratamento. Em outras palavras, ele tem que tratá-lo também com o devido respeito e conceder-lhe o espaço exigido no todo da existência do paciente.

Uma outra questão, que toca a prática psicoterápica nos seus pormenores, diz respeito à forma pela qual podemos levar nossos pacientes a participar das compreensões da sua natureza humana básica e assim superar toda a opressão da angústia e da culpa. Decerto, nunca deve bastar um apelo intelectual à razão e ao raciocínio ou um evocar do tópico atual "existência". Isto significaria um retrocesso grave da psicoterapia à época pré-freudiana. Pois não é a cabeça e o intelecto dos nossos pacientes, mas seu coração que está trancado e estrangulado pela angústia. Por isso, para eles, todas as palavras, mesmo as mais sensatas, continuam sendo palavras ao vento. As provas mais comoventes da insensatez, e até da nocividade deste procedimento psicoterápico intelectual, que apela para a "razão" e para a "responsabilidade", podem talvez ser encontradas na Índia, a saber, na maneira pela qual alguns europeus que pretendem se libertar da prisão de suas neuroses ocidentais abraçam o estudo da filosofia hindu, ou então querem alcançar sua salvação no Nirvana budista. Neles o resultado nada mais é do que uma acrobacia intelectualista lastimável e quimérica, ao contrário de toda libertação e salvação. Eles não sabem que o caminho hindu para a salvação, para não levar à perdição, já pressupõe uma disposição mental totalmente diferente daquela que eles carregam para o Oriente. Esses coitados lembram um construtor que quer salvar da ruína uma casa que está podre até os alicerces, mediante uma reforma isolada do andar superior.

Como psicoterapeutas, temos que nos abster, sobretudo, do agir presunçoso de levar, da nossa parte, quaisquer máximas e dogmas aos nossos pacientes. Temos que nos contentar em remover do caminho, aqui e ali, uma pedrinha, um obstáculo, para que aquilo que já está aqui, e que sempre formou a essência do paciente, possa sair, por si, ao aberto, de sua reserva até agora mantida. Com isso, a meta mais alta da psicoterapia é sempre a abertura dos nossos pacientes para a capacidade de amar e confiar, a qual permite superar toda a opressão da angústia e da culpa como sendo meros mal-entendidos. Uma tal confiança pode bem ser considerada como o amor humano mais amadurecido. Mas nossos doentes só chegam até ele através da mesma forma que se procede, em geral, o amadurecimento humano. Via de regra, isto acontece, em primeiro lugar, através da experiência física, concreta, de uma dedicação maternal amorosa, suficiente e inabalável. Nossos pacientes não estariam doentes se não tivessem grande falta desta experiência básica. Só que esta carência que deixa doente não depende apenas de quanto amor, apoio e confirmação as mães tiveram condições de dar; depende também da necessidade altamente diversa de amor das crianças. Na psicoterapia trata-se de deixar que os pacientes recuperem inicialmente a experiência que lhes faltou, mas que no fundo é indispensável, da dedicação protetora e inabalável, do cuidado e amor na medida correspondente à essência singular dos pacientes.

É indiscutível que nenhum psicoterapeuta pode conseguir isto transformando-se numa espécie de matrona ou, ainda, querendo *desempenhar* o papel de mãe. Mas há uma dedicação co-humana especial do psicoterapeuta para com seus analisandos que não existe, a não ser na situação analítica. Este específico "Eros psicoterápico" é diferente do amor dos pais para com os filhos, diferente do amor entre dois amigos, diferente do amor do sacerdote para com os seus fiéis, ainda mais diferente do amor tão variável entre os sexos, como também não se assemelha à indiferença pragmática da amabilidade convencional. Certamente a particularidade do Eros psicoterápico ainda não foi descrita suficientemente do ponto de vista científico-fenomenológico nos compêndios de psicoterapia. Não pode também ser aprendido nos livros. Quase sempre chega-se a ele através da experiência imediata de uma análise didática. Todavia Freud já salientou em formulações insuperáveis os traços essenciais desta forma particular do afeto co-humano, da qual um psicanalista tem que ser capaz. Escreve ele que uma psicoterapia terá o melhor êxito se ela se suceder como que "sem querer", destituída de toda ambição egoísta, de toda cobiça de sucesso, seja ela de forma terapêutica, pedagógica ou científica[10]. O psicanalista não deveria também tirar quaisquer outros proveitos do relacionamento do paciente para com ele, mesmo se este lhe oferecer tais proveitos com a maior solicitude. Senão, toda a responsabilidade do fracasso do tratamento recairia sobre o analista.[11] Disto se excluiria unicamente uma recompensa financeira adequada, a qual livraria o psicoterapeuta da preocupação com a sua vida cotidiana, e com isto o deixaria realmente livre para a dedicação co-humana, verdadeira, equilibrada, imperturbável para com o paciente.[12] Em outras palavras, o verdadeiro Eros psicoterápico tem que se distinguir por sua abnegação, disciplina e respeito diante da própria essência do analisando, nunca praticada fora dali, e que não se deixa desconcertar na sua estabilidade e durabilidade por uma conduta amável, indiferente ou hostil do analisando; o Eros psicoterápico tem ainda que superar, por um grau, a humildade cristã em abnegação e autossuperação, de modo que ele não possa intervir no interesse de um deus *próprio*, e querer orientar a vida do analisando por este. Só quando o psicoterapeuta é capaz disto, a abertura do espaço co-humano permite que nossos pacientes adquiram a disposição de estender novamente seus tentáculos e se relacionar, em responsabilidade própria, de forma cada vez mais livre e ampla com o mundo. Também disto Freud já tinha conhecimentos muito exatos. Por isso ele exigiu literalmente do psica-

---

10 FREUD, S. *Técnica psicoanalítica*. "Cap. VII: Consejos al medico en el tratamiento psicoanalitico", v. 2, Madri: Editorial Biblioteca Nueva, 1948, p. 326. (Obras Completas)

11 Idem, ibidem, Cap. XI, "Observaciones sobre el amor de transferencia", p. 350.

12 Idem, ibidem, Cap. IX, "La iniciación del tratamiento", p. 334.

nalista praticante – aliás em contradição rudimentar com sua própria teoria estritamente determinista – que ele conceda ao seu paciente, no relacionamento médico/paciente, um "campo livre" no qual este possa reconhecer, experimentar e apropriar-se, sem perigo, de seus impulsos e de suas ambições até então enterradas, e que possa reuni-las para um poder-ser autêntico. Mas Freud adverte, logo a seguir, para que, nisto, o médico tenha o cuidado de não substituir as distorções anteriores e reduções neuróticas humanas abolidas por seus preconceitos emocionais ou intelectuais. Só uma intenção pérfida pode interpretar esta regra básica da psicoterapia como sendo um convite para um viver desenfreado dos instintos. A realidade é que no campo livre da situação analítica, apoiado por dedicação genuína e amor abnegado ao próximo, efetua-se nos pacientes, passo a passo, como que por si mesmo, um abrir-se do recolhimento infantil para possibilidades de amor cada vez mais maduras, contanto que a essência do paciente só esteja equipada com os respectivos potenciais de desdobramento.[13] Futuramente teremos que seguir a regra terapêutica básica de Freud, ainda com mais fidelidade de que o próprio Freud pôde fazê-lo, preso que estava às teorias naturalistas. Seremos mais freudianos que Freud se, por exemplo, concedermos a mesma autenticidade, genuinidade e realidade às experiências religiosas ou espirituais que aparecem no tratamento de nossos pacientes, como aos fenômenos da chamada esfera dos instintos. Teremos a cautela de não desclassificar estes, em favor de um preconceito da teoria psicanalítica secundária, a produtos de sublimação, meramente derivados de uma libido instintiva. Ao contrário, teremos decerto que considerar como blasfêmia não menos grave a eventualidade de nossos pacientes quererem condenar e negar sua condição física e sensual como sendo invenções impuras e diabólicas. Com isso eles se intrometem nos negócios de Deus, tanto quanto os ateístas o fazem ao eliminarem os fenômenos espiritual-religiosos. Até a Bíblia chama o corpo de templo do Espírito Santo, proveniente de Deus. Por isso temos que indagar, em trabalho minucioso e paciente, acerca de todas as restrições e distorções neuróticas, seja em que

---

13 Idem, ibidem, Cap. X, "Recuerdos, repetición y elaboración", p. 345.

relacionamento de meio ambiente, co-humanos ou religiosos se mostrem essas barreiras. Então conseguiremos livrar muitos pacientes dos tormentos de seus sentimentos de culpa neuróticos. Mas justamente nisto chegamos a conhecer, de forma mais impressionante e verdadeira, o estar-culpado básico do ser humano. Um exemplo:

Pode-se ter imposto a um ser humano, desde pequeno, uma moral que impeça e mutile sensivelmente sua essência, entendida como um todo, na sua realização, por lhe ter sido ensinado a encarar as possibilidades de relacionamento físico, animal e sensual de seu poder-existir como sendo fundamentalmente pecaminosas e que, portanto, deveriam ser reprimidas. Este ser humano torna-se culpado de sonegar âmbitos do mundo muito essenciais. Ele se fecha ao apelo de tantos fenômenos aos quais caberia, no fundo, o direito a um poder-aparecer na luz de sua existência. Cada ser humano, a não ser que tenha predisposição defeituosa, experimenta essa sonegação na forma de sentimentos de culpa e remorsos alarmantes penetrantes. Eles o intimam a um tornar-se melhor e a um tornar-se completo, e urgem tanto mais quanto mais ele tenha ficado para trás na realização de sua vida. Mas um neurótico desta forma mutilado só pode entender um tornar-se melhor como um obedecer cada vez mais rigoroso às ordens e proibições alheias a sua essência, nele encravadas desde a primeira infância. Por isso ele se esforça em negar ainda mais radicalmente as possibilidades de ser mal interpretadas como sendo pecaminosas. No entanto é justamente assim que ele aumenta sua culpa humana verdadeira e fica aquém da realização da sua missão de guardião. Ao mesmo tempo, ele procura a origem de sua culpabilidade em regiões de sua existência cada vez mais periféricas e secundárias, e se distancia mais e mais da possibilidade verdadeira de "amortização" de culpa. Os senhores devem se lembrar do melancólico citado no início, o qual só pôde ver a causa de toda sua miséria num beijo de vinte anos atrás, mas que ficou cego a respeito do falhar central e atual de suas possibilidades de amor.

Assim, os sentimentos de culpa distorcidos, inautênticos, impostos por mentalidades alheias, aumentam sempre mais o próprio estar-culpado de um ser humano neurótico. Quanto mais este aumenta, tanto mais atormentadores se tornam seus sentimentos de culpa neuróticos, os quais, por sua vez, o arrastam a um proceder ainda mais culposo. Forma-se um círculo vicioso que pode levar, o que não é raro, ao curto-circuito da loucura ou do suicídio. Pois o futuro de um ser humano de tal forma preso aparece com uma insensatez e um vazio cada vez mais medonhos.

Mas uma psicoterapia baseada em compreensões adequadas da condição humana básica tem, amiúde, recursos para romper esse círculo vicioso. Nela pode acontecer de os pacientes se libertarem para seu verdadeiro e próprio estar-culpado, e experimentarem isto realmente como um estar chamado sem angústia, feliz e sensato, para o existir, como o âmbito de claridade do mundo. Todavia determinar em cada caso de que maneira se procede semelhante experiência salutar no tratamento psicoterapêutico não é assunto do psicoterapeuta. Num paciente, ela realiza-se por si só, a partir da própria essência dele, através de um novo abrir, de um encontro religioso. Num outro, ela toma, de modo igualmente natural, a forma de um poder-pensar e compreender filosófico libertador, e ainda em outro paciente toma a forma de um contemplar meditativo de seu pertencer imediato à base de todo ser. Os demais talvez alcancem simplesmente a antiga meta de Freud de uma capacidade livre de trabalhar e de gozar. Só que esses seres humanos não exercem mais suas capacidades segundo uma ambição de poder e gozar *egoísta*. Também eles trabalharão e estarão alegres, partindo de uma noção mais ou menos articulada, noção pela qual se sentem solicitados, com todas as suas possibilidades vitais, como sendo o âmbito de abertura do mundo, dentro do qual tudo que encontram pode chegar a aparecer.

SINAIS DE ALARME
NA PSICOLOGIA
E PSICOTERAPIA

EPÍLOGO PARA UM CONGRESSO REVOLUCIONÁRIO INTERNACIONAL DE PSICOTERAPIA

O 8º Congresso Internacional de Psicoterapia não será prejudicado se, no final, suas realizações forem submetidas a uma crítica fundamental, certamente construtiva, mas tão rigorosa quanto possível.

O título sob o qual este Congresso foi organizado, inaugurado e realizado é: "A posição da psicoterapia em relação às antropologias". Procurou-se, então, saber do relacionamento da psicoterapia com as antropologias atualmente válidas, pois a palavra antropologia é somente a tradução grega da ciência que versa sobre o homem.

Os relatores desse Congresso já apresentaram um grande e importante trabalho só pelo fato de as contribuições terem sido elaboradas com toda a nitidez desejável e com fatores extraordinariamente numerosos, todos eles levando em consideração se a posição da psicoterapia quer ser determinada adequadamente.

Verificou-se que a psicoterapia em si não é uma ciência do homem, portanto não é uma antropologia; constatou-se isto, antes de tudo, como algo que deve estar sempre diante dos olhos. Como diz o nome terapia, psicoterapia é, antes, um tratar dos homens. É um tratar de semelhantes doentes por meio de intervenções psíquicas da parte de um terapeuta, o qual sabe lidar com instrumentos psíquicos.

Mas como tratamento, todo tipo de psicoterapia é sustentado e acompanhado pela respectiva concepção da natureza do homem que determinado psicoterapeuta adotou. Com esta concepção fundamental, sempre pré-científica, os que são sérios entre os psicoterapeutas dão grande valor em não ficar no aproximado e vagamente intuitivo, mas de encaminhá-la a fundo, de diferenciá-la, de articulá-la linguisticamente e desdobrá-la cientificamente, quer dizer, rigorosamente adequada ao assunto.

Por isso a psicoterapia científica pode ser definida como a aplicação de uma ciência sobre o homem no tratamento de doenças. Não importa se cada psicoterapeuta sabe ou não claramente que seu agir psicoterápico é conduzido por conceitos científico-antropológicos, isso não modifica em nada o fato de que todo tipo de psicoterapia baseada cientificamente recebe suas instruções e suas metas de uma antropologia qualquer. Sempre existe este relacionamento básico entre psicoterapia e ciências do homem.

Com esse posicionamento de todo tipo de psicoterapia em relação às ciências do homem, é evidente que há pelo menos tantas psicoterapias quanto antropologias científicas. O número resultante de métodos psicoterápicos ainda é multiplicado pelo fato que de cada ciência pode derivar uma série de formas especiais de psicoterapia. E, partindo-se de cada ciência do homem, pode-se desenvolver um tipo especial de *psicoterapia individual*, na qual um psicoterapeuta trabalha sempre com um analisando só. Mas esta mesma ciência do homem também pode motivar o desenvolvimento de um tipo especial de *psicoterapia-de-grupo-pequeno* ou de uma determinada psicoterapia-de-grupos-grandes, do cuidado psicoterápico de todo o pessoal de uma empresa industrial ou de uma psicoterapia específica, psicoterapia na área de cidades e regiões. Estes últimos métodos psicoterápicos costumam ser chamados psico-higiene social ou psiquiatria preventiva social.

Já não se pode dar mais conta da infinidade dos atuais métodos de psicoterapia, mas, mesmo assim, todos eles pertencem, junto com as ciências do homem que os fundamentam e conduzem, a um único conceito básico, pré-científico, filosófico sobre o homem e o seu mundo. Essa ideia básica da natureza do homem, da qual descendem todas as atuais antropologias, tanto quanto todos os métodos psicoterápicos que dela foram derivados, já nos é revelada pelos títulos "psicoterapia", "psicopatologia", "psicologia". Essas ciências e esses métodos de tratamento não poderiam ser assim chamados se não acreditassem, desde logo, pré--cientificamente, axiomaticamente, na existência de uma "psiquê". Eles pressupõem despreocupadamente que a natureza do homem é formada por uma "psiquê" junto a um corpo. Traduzido do grego, "psicologia", "psicopatologia" e "psicoterapia" quer dizer, pois, "estudo da psiquê sadia e doente e de como curá-la".

A palavra "psiquê" é de procedência do idioma grego antigo. Mas seu significado original não é, de modo algum, reconhecível no atual conceito de "psiquê". Por exemplo, Aristóteles entende por "psiquê" determinada maneira de existir, ou seja, aquele modo-de-ser que distingue os seres vivos. Mas, depois, a nossa Idade Média e mais ainda os tempos modernos fizeram deste significado grego antigo do "psíquico" uma coisa substancial, a qual se encontra em algum lugar no espaço. No início dos tempos modernos, Descartes chamou esta coisa de *Res cogitans*, o espírito humano. Imediatamente ele elevou esta sua *Res cogitans*, o espírito humano, à categoria do único *subjectum*. Mas *subjectum* quer dizer aquilo no qual algo se baseia, que está aí como fundamento de todo o restante. Desde Descartes, o espírito humano se tornou de tal forma a base, o *subjectum*, de todas as outras realidades do mundo, que ele é capaz de lançá-las para si como seus objetos. A partir daí também é ele que decide, por si, qual deve ser o conceito destes outros objetos a ser elaborado no espírito humano.

No decorrer do tempo, a *Res cogitans* de Descartes foi também assimilada pela psicologia que estava surgindo, mais ou menos como um "aparelho psíquico" no sentido da metapsicologia de Freud. A seguir ela foi introduzida na medicina, à maneira dos psicólogos antropologistas modernos, na forma de um sujeito. Finalmente, ela recebeu o nome de uma pessoa ou personalidade ou de uma entelequia. Mas isto não tem importância decisiva no presente contexto. Essencial é o fato de que, apesar de todos os diversos nomes, todas as psicologias, psicopatologias e psicoterapias imaginam estas coisas como sendo uma formação psíquica, do tipo de uma cápsula, fechada e existente por si. O conceito adicional de um "inconsciente", no sentido de uma repartição especial da "psiquê", não altera em nada o caráter fundamental do conceito da "psiquê" até então vigente, na forma concreta de uma cápsula. Tampouco isto é alterado por mais um conceito adicional, o de órgãos sensoriais, como janelas abertas do "consciente" para os estímulos exteriores. Continua a ideia fundamental de imagens e objetos do mundo exterior sendo projetados para dentro desta formação-psiquê, tipo cápsula, dos quais então seriam formadas percepções psíquicas internas. Além destas imagens conceituais, as ciências psíquicas modernas ainda supõem outro "material psíquico" no interior do sujeito humano, especialmente o que eles chamam de emoções, instintos e processos libidinosos.

Mas parece que hoje está na hora de nos lembrarmos de uma confissão decisiva de Freud. Com efeito, o próprio Freud chamou de *"ficção"* seu conceito de "aparelho psíquico". Mas pura ficção, isto é, pura invenção dos psicólogos e antropólogos atuais, são também todas as coisas que o corriqueiro psicologismo inclui no material intra-psíquico. Pois ninguém pôde, até agora, descobrir nos fenômenos concretos do existir humano o mínimo indício da efetiva presença de imagens conceituais do mundo externo ou da existência real de emoções intra-psíquicas e de formas libidinosas. Por isso os psicólogos cientistas têm que ter diante dos olhos, constante e honestamente, o fato de todos os seus conceitos básicos serem, na realidade, meras e imaginadas *suposições.* Eles foram *supostos* por Freud e ainda hoje continuam sendo supostos por aqueles que constantemente creem numa metapsicologia, de acordo com o propósito básico de toda a teoria de freudiana este propósito foi resumido por ele assim: "Diante das aspirações supostas os fenômenos observados têm que ficar em segundo plano na nossa compreensão".

Todavia Freud não nos diz por que eles *têm* que ficar em segundo plano. Ele também não o sabe. Pois de maneira alguma o próprio "objeto de pesquisa" da psicologia, a natureza dos fenômenos do existir humano, exige um tal ficar atrás de meras suposições psicológicas. Pelo contrário, os fenômenos imediatamente dados, diretamente perceptíveis, do existir humano, têm que retroceder unicamente em favor da teoria preconcebida à qual Freud se submetia. Foi este o único método de pensar acessível a Freud, o da forma de conceitos científicos-naturais, método que o obrigou ao ataque contra os fenômenos concretamente perceptíveis do homem. Sem essa manipulação mental, ele não teria conseguido comprimir todos os fenômenos da existência humana dentro de um nexo causal contínuo, assim como exigem as ciências naturais ao examinar todas as coisas realmente existentes. Com isso foi confirmada mais uma vez como continua válida, também para o século XX, aquela afirmação de Nietzsche que está num dos seus aforismos: "O século XIX não trouxe a vitória da ciência, mas a vitória do método (método de pensar científico-natural) *sobre* a ciência".

No entanto o homem estaria mal se ele realmente fosse constituído segundo os conceitos das psicologias modernas. Ele seria pobre, se de fato tivesse que partir primeiramente de estímulos de percepção intrapsíquicos, de imagens conceituais intrapsíquicas e de emoções existentes intrapsiquicamente. Assim ninguém realmente chegaria jamais a suspeitar que existe algo como um mundo externo. Pois para poder perceber algo como sendo do mundo externo, o homem já tem que estar, constantemente, além de uma cápsula-psiquê, cápsula pessoa, ou cápsula sujeito. Ele tem que estar lá "fora", neste mundo externo, junto de suas realidades. Como é que poderíamos pegar e captar, perceber e entender, isto é, apreender e compreender algo perto do qual não nos colocamos como seres que, de antemão, vêm e compreendem?

Substituir o "conceito-psiquê" pela imagem de um sujeito ou de uma pessoa não nos ajuda porque estes conceitos "antropológicos" modernos são como que apanhados de passagem na história da filosofia. Em nenhuma das psicologias "antropológicas" estas coisas são expressamente examinadas e esclarecidas com respcito a sua natureza fundamental.

Mas não é somente neste sentido que todas as psicologias, sociologias e psicopatologias atuais são fictícias e abstratas. Muito mais grave é o fato, de consequências práticas, especialmente em seu emprego nas psicoterapias, de elas não poderem negar sua origem na filosofia subjetivista de Descartes. Por isso é indispensável ao atual psicoterapeuta, caso ele queira saber o que faz, que ele reflita, pelo menos um pouco, sobre o que aprontou a seu tempo, este matemático-filósofo, com o nosso mundo e também com o mundo dos posteriores psicoterapeutas. Com Descartes, começou uma revolução espiritual sem igual. Com ele surgiu especialmente uma determinação, toda nova, da verdade. Desde aquele tempo, verdade e realidade é somente aquilo que pode ser determinado com certeza, que pode ser medido e calculado com exatidão. Neste tipo novo de verdade e realidade se fundamenta toda a ciência natural atual.

Mas já para o seu fundador, para Descartes, não se tratava somente do reconhecimento de uma verdade nova por causa dela mesma. Pois Descartes prometia que quem aprendesse seu novo método de pensar (o de assegurar-se, pela medida e pelo cálculo) se tornaria *"maitre et possesseur de la nature"*.

Isto também é de importância decisiva para todas as psicoterapias modernas, orientadas pelo conceito básico do homem de Descartes. Necessariamente elas correm o perigo constante de servir para um aumento do poder do sujeito humano em relação a todos os objetos do mundo externo, inclusive de seus semelhantes. As atuais psicoterapias correm este perigo por serem também elas, como todas as ciências naturais que tentam obter o domínio sobre a natureza inanimada, filhas desta mentalidade extremamente possessiva, subjetivista da filosofia cartesiana.

Por outro lado, é provável que esta mesma mentalidade cartesiana, que se expandiu desde então sobre todo o globo terrestre como o espírito da técnica moderna, científico-natural, seja a própria fonte dos distúrbios essenciais dentro da moderna sociedade industrial. Já foi dito que esta mentalidade cartesiana tecnocrática ofusca e reduz a visão do homem àquilo que em nós e no nosso mundo, é mensurável, calculável e pode ser dominado. Não é de se admirar que o relacionamento com o mundo de tal forma empobrecido, e que domina os membros da sociedade industrial moderna, venha a ser vivido justamente pelos jovens criativos como uma prisão insuportável. Na estreia de tal visão se encontra, com probabilidade quase certa, o próprio motivo para o aparecimento de dois fenômenos importantíssimos. Dela provêm tanto a forma típica de neurose do tédio e do absurdo de hoje em dia, como também a inquietação social e as tendências anarquistas destrutivas da juventude não qualificada como doente, a qual se revolta contra o "establishment". Trata-se de uma incrível intensidade de forças revolucionárias pela qual a juventude é tomada. Elas estão a ponto, como assistimos com toda a nitidez em Milão, de derrubar até o habitual "establishment" de um Congresso Internacional. Só os que não enxergam lamentam isso e desejam que voltem "os bons, velhos tempos", anteriores a este Congresso de Milão.

Mas como é que uma psicoterapia pode eliminar distúrbios no sentido das neuroses individuais ou distúrbios no relacionamento co-humano no ambiente de comunidades humanas, se esta terapia é baseada pela mesma atitude patogênica que também levou a esses distúrbios? Uma tal tentativa não seria igual ao empreendimento de eliminar o diabo com belzebu?

Por isso, psicoterapias que realmente curam somente serão possíveis sob uma condição: todos esses métodos de tratamento não devem mais admitir serem conduzidos por antropologias, as quais, no fundo, descendem do subjetivismo despótico do conceito cartesiano do homem e de seu mundo. É óbvio que todos os métodos psicoterápicos atuais precisam de uma nova orientação no relacionamento com o mundo que seja incomparavelmente mais rica, livre e humana do que a atitude técnica dominante para com o mundo de hoje em dia.

Como filosofia da sociedade, nova e salutar, propõe-se, há bastante tempo, o marxismo-leninismo. Mas parece que também ele não é um caminho para a libertação. Pois como é que então a mesma inquietação e rebelião que anda nos países capitalistas do Ocidente, pôde tomar a juventude das democracias populares do Oriente? A ciência marxista do homem não pode salvar nada, pelo simples fato de, no fundo, ela não constituir nada de novo. Ao contrário, ela é um subjetivismo cartesiano levado ao extremo. Aqui *subjectum* é a sociedade toda, a humanidade inteira. Mas este subjectum marxista, moderno e ampliado, ainda possui as mesmas características possessivas, despóticas como a *Res cogitans* de Descartes, o espírito humano. Assim como o sujeito-humano singular cartesiano, também o sujeito coletivo do marxismo determina por si o significado dos objetos por ele conceituados. Ele também determina a forma como estes serão explorados em vista do máximo aumento possível de poder desse sujeito-coletivo.

Portanto, se não queremos que a inquietação e rebelião da juventude acabe em pura destruição das estruturas sociais atuais, se queremos que também a psicoterapia e a psico-higiene constituam intervenções realmente salutares tanto no indivíduo como em grupos humanos pequenos, médios ou grandes, parece que só há uma solução: que todas as ciências humanas, a psicologia e a psicopatologia, a sociologia, a ciência política, a futurologia, se libertem das amarras do subjetivismo da filosofia de Descartes e do espírito possessivo da tecnocracia moderna dela proveniente. Pois só então, quando elas se desenvolverem, partindo de um relacionamento com o mundo totalmente diferente, livre, humano, serão capazes de ajudar a superar a alienação-em-si-mesmo dos homens da atual sociedade industrial. Mas enquanto os psicólogos e os sociólogos não conseguirem um relacionamento basicamente livre frente ao espírito tecnocrata, despótico, eles sempre andarão em círculos. Parece que este Congresso é um exemplo impressionante justamente disto. Será que ninguém reparou que, no fundo, só se falou do potente e do impotente e de transposições de poder – no melhor dos casos, de diminuição de poder?

Todo o Congresso parecia estar possuído pela ideia de que entre os homens haveria apenas uma possibilidade de relacionamento, ou seja, relacionamento entre os vitoriosos, num êxtase de poder destrutivo, e os vencidos, desamparados.

O Congresso esteve quase cego diante da riqueza de relacionamentos co-humanos completamente diversos, por exemplo, diante de relacionamentos de amor. Nestes também devia ser incluído o relacionamento não repressivo, não destrutivo, mas estimulante e solícito, quer dizer, de uma autoridade verdadeira diante de um semelhante que está amadurecendo e que precisa de proteção.

Pois parece que este Congresso ainda não se aprofundou com suficiente radicalidade em seu espírito revolucionário. É provável que se tenha criticado por demais apenas negativamente e não se tenha caracterizado positiva, suficiente e concretamente o novo essencial.

Se esta impressão for certa, então este Congresso é a melhor e extraordinariamente importante prova de que, para o enxergar de outros relacionamentos sociais além dos repressivos, e para um poder envolver-se num procedimento co-humano criativo, é preciso uma libertação ainda muito mais completa do relacionamento com o mundo subjetivista, cartesiano, técnico, capitalista e marxista. No entanto esse enxergar totalmente diverso, salvador, não pode ser simplesmente adquirido através de livros. Não pode também se derivar de deduções lógicas de conceitos anteriores. Só se chega a esta compreensão nova e salutar através de um salto. O pensar, sentir e enxergar dos homens tem que saltar do subjetivismo e psicologismo abstrato e possessivo das anteriores ciências do homem, para o solo concreto no qual já existimos, permanentemente, sem o saber. O filósofo Martin Heidegger mostrou este salto mental decisivo para os homens ocidentais e orientais de hoje em dia. O segui-lo neste salto vai exigir de nós tanta coragem e esforço quanto foram necessários a Descartes, Galileu e Newton para, no fim da Idade Média, proporcionar a ascensão do tempo moderno.

Heidegger tentou ilustrar a natureza, o caráter específico deste salto indispensável com o exemplo, entre outros, da macieira em flor. Escreve ele: "Ali a árvore floresce. Nós estamos diante de uma árvore em flor e a árvore está diante de nós". Qualquer um pode dizer isto. Mas Heidegger examina mais profundamente este simples fato e continua: "Nós nos colocamos diante de uma árvore, em frente a ela, e a árvore se apresenta a nós". Em contraste com tal afirmação, o homem atual geralmente pensa: nós visualizamos uma árvore. Mas Heidegger continua fiel ao fenômeno imediato e constata: "Nós nos colocamos defronte a uma árvore, em frente a ela". Portanto ele deixa a árvore estar-no-mundo, lá fora, onde ela originalmente se mostrou a nós. Ele não a devora imediatamente, possivelmente, numa visualização de um sujeito-humano. A árvore não é logo degradada à condição de imagem conceitual intrapsíquica de um homem.

Então, o que é que se passa neste salto para um novo relacionamento com o mundo, salto que Heidegger já nos mostrou? Nada menos do que o desaparecimento radical do "nós" como o sujeito que visualiza e, simultaneamente, da árvore como objeto meramente visualizado. Do subjetivismo presunçoso, possessivo de Descartes, no qual uma macieira em flor somente existe graças à visualização de um sujeito-humano, Heidegger saltou para o modo de enxergar fenomenológico, mais humilde. Só que este modo de ver pode deixar intactas as coisas do nosso mundo, como coisas que elas são e onde elas estão. Nele é a árvore em flor que se apresenta nós. Ela se apresenta a nós como aquilo que ela é, de acordo com os próprios significados que a constituem. Ela mesma nos comunica estes significados. Nós, homens, *apenas* nos colocamos em frente da árvore em flor. Mas com isto, nós nos colocamos à disposição dela como o seu local de aparecimento, como a abertura do mundo que ampara e guarda o seu aparecimento.[14] Nós homens podemos ser colocados para um tal servir à árvore por sermos, de acordo com a nossa natureza intrínseca, uma abertura para o mundo, que é constituída por uma solicitude estirada na amplidão do mundo, um poder perceber dos fatos que vêm ao nosso encontro. Algo só pode tornar-se presente, e com isto "ser" quando, para isso, pode se realizar dentro de um âmbito de claridade.

Por outro lado o modo de ver subjetivista, tecnológico, somente permite uma visão ofuscada e reduzida da árvore em flor, uma visão daquilo que nela é mensurável e calculável. Ele consegue registrar com exatidão apenas suas medidas, seu volume, sua composição físico-química, suas cadeias de informações cromossômicas acessíveis graças à cibernética, seu preço de venda e assim por diante.

Todavia, se o espectador entrou com toda sua essência no novo relacionamento com o mundo, fenomenológico, não mais subjetivista-possessivo, mas sereno e o que permite ser, então a mesma árvore pode mostrar-se com significados muito mais ricos abundantes. Agora o homem a encontra como algo que, por exemplo, aponta com suas raízes para a terra e com as folhas de seus galhos erguidos para a luz do céu. Sua possibilidade de desabrochar e de crescer, por si só, faz sentir algo divino. Na árvore, seus frutos podem, por si, servir de alimento para os homens. Assim, na nova visão fenomenológica, torna-se evidente de como uma única coisa, por exemplo, uma árvore, reúne na abundância de seus significados intrínsecos o céu e a terra, o divino e o humano.

O que vale para o exemplo da árvore também é válido para todos os outros fatos do nosso mundo, inclusive para nossos semelhantes e para nós próprios.

Este ver e reconhecer infinitamente mais rico, como é possível num relacionamento fenomenológico com o mundo, tem, evidentemente, as maiores consequências, também e especialmente, para todas as ciências do homem e para todos os métodos de tratamento da psicoterapia.

---

14 N.T.: Cf. p. 57 onde este tema é abordado com mais vagar.

Cientificamente se rompe na luz de um relacionamento com o mundo, fenomenológico, de uma vez por todas, o conceito de uma "psiquê" tipo cápsula, o qual de antemão entrava o acesso a todas as compreensões adequadas ao homem. Na perspectiva destas compreensões, um tal conceito básico psicológico do homem nem chega a surgir. Pois, ao modo de ver fenomenológico, o existir do homem se apresenta, desde logo, no sentido mais amplo da palavra, como um ek-stare. Isto, em outras palavras, quer dizer, que a essência que tudo sustenta do estar-aqui humano, pode agora ser vista como sendo o *suportar* não coisificado de um estar estirado na amplidão do mundo. É um estar aberto no sentido de um poder-perceber a presença dos fatos de nosso mundo e de ser capaz de corresponder a seus significados especiais.

Se, com o nosso pensar e o nosso ver, conseguimos saltar do ângulo visual subjetivista, possessivo, tecnológico, para um modo de ver fenomenológico, então também no âmbito da psicoterapia se torna possível um progredir autêntico e salutar da *Praxis* psicanalítica, recomendada por Freud. Pode-se dizer progredir, porque essa nova terapia, fenomenologicamente orientada, coloca em seu centro os mesmos fenômenos do existir humano que foram descobertos por Freud, o qual declarou serem eles os fundamentos de sua prática; só que esses fenômenos assumem, na visão da ciência fenomenológica do homem, significados totalmente diferentes e uma interpretação que faz justiça ao homem. Por exemplo, seus títulos, até então chamados de "instinto", "libido", "transferência", "repressão no inconsciente", "projeção e introjeção psíquica", "processos oníricos latentes e manifestos", "Ego", "Id", "Superego", surgem como distorções e deteriorações do sentido das coisas de fato existentes. A distorção é devido à teoria da "metapsicologia" psicanalítica secundária, que mecaniza e coisifica.

A correção fenomenológica das interpretações teóricas até então incorretas tem como consequência que o novo método de tratamento deverá sempre se afastar das antigas técnicas psicanalíticas em que se torna evidente que a "superestrutura" secundária da "metapsicologia" psicanalítica distorce a prática, levando-a a abandonar suas próprias regras básicas.

Se a prática psicoterápica se orientar num relacionamento fenomenológico com o mundo, então ela pode recuperar sua própria natureza e essência. Sua essência consiste no fato de ela mesma ser livre e de permitir aos homens tornarem-se livres dentro dela. Como psicoterapeutas queremos, no fundo, libertar todos os nossos pacientes para si mesmos. Porém, para poder fazer isso, teremos antes que saber a que nós nos referimos quando dizemos *mesmos.* Por isto entendemos o existir do homem. Mas este consiste em nada mais, nada menos do que o conjunto de nossas possibilidades inatas de nos relacionarmos com as coisas e os semelhantes que encontramos em nosso mundo. Por isso, com a libertação psicoterápica, queremos levar nossos pacientes "apenas" a aceitar suas possibilidades de vida como próprias e a dispor delas livremente e com responsabilidade. Isto quer dizer também que nós queremos que eles criem coragem de levar a termo suas possibilidades de relacionamento co-humanos e sociais de acordo com sua consciência intrínseca e não como uma pseudoconsciência imposta por qualquer um.

Essa psicoterapia, que realmente liberta, pressupõe que o psicoterapeuta seja verdadeiramente livre. A meu ver, ele tem que ser tão livre e ao mesmo tempo tão modesto, que ele possa, sem dor e sem ressentimento, deixar que um analisando se desenvolva, por exemplo, num sentido político ou sociológico progressista-revolucionário, mesmo que ele, o psicoterapeuta, tenha uma mentalidade conservadora. Ele tem apenas que ser capaz de ver se esta tarefa e este modo de viver progressista correspondem ao existir maduro do seu analisando. Nisso ele tem que se certificar, antes de mais nada, de que a rebelião de seu analisando contra o establishment não é mais uma luta imatura contra bodes expiatórios. Pois, neste caso, a revolta contra as estruturas sociais tradicionais seria somente uma fuga ao trabalho, à tarefa muito mais árdua, muito mais difícil, de tornar-se, antes de tudo, um homem realmente livre e criativo. Por outro lado, um psicoterapeuta, ainda que seja um cidadão dos mais progressistas, não deve impedir nenhum analisando no decorrer de uma psicoterapia, de se tornar socialmente mais conservador do que antes. Neste caso, tem que ficar claro, em primeiro lugar e acima de qualquer dúvida, que o analisando é, de acordo com sua própria e autêntica essência, um guarda e preservador do já sucedido. O terapeuta experiente dispõe de vários critérios que lhe permitem distinguir quais são as tendências autênticas do analisando, em um determinado caso, e quais são as meras tentativas de fuga de si mesmo.

Se um psicoterapeuta socialmente progressista quisesse fazer de cada analisando seu também um revolucionário social, ele arbitrariamente assumiria um direito de determinar e um poder sobre o outro que seriam tão pecaminosos quanto as pretensões de quaisquer ditadores sociais, políticos, morais ou religiosos.

Acho que todos os psicoterapeutas socialmente engajados deveriam ter isto constantemente diante dos olhos. Entretanto não se pode negar que eles têm razão quando dizem que não há saúde nem doença fora da estrutura de relacionamento co-humanos. Pela própria natureza do homem, não pode haver fenômeno existencial que não seja social. A partir da essência de toda psicoterapia autêntica já mencionada, a que liberta, torna-se evidente como é leviana a crítica insistente segundo a qual a psicoterapia seria apenas um instrumento do establishment vigente. Não pode ser negado que procedimentos psicoterápicos também podem servir para abusos. Mas o que é que não pode servir para abusos? Todavia, se o proceder psicoterápico visa sempre e unicamente à libertação do paciente para o seu próprio e intrínseco existir, torna-se claro que não existe a psicoterapia. O método nunca deve dominar o paciente. Pelo contrário, ele tem que se orientar pelo paciente. Se por exemplo, um psicanalista escandinavo quisesse "lege artis", com associações livres feitas num divã, psicanalisar um rapaz hindu neurótico ou um caboclo brasileiro, com certeza ele não conseguiria curar nem um nem outro. Sem dúvida, ele os deixaria ainda muito mais doentes.

Também em seus campos mais amplos, que podem ser chamados de higiene mental social ou de psiquiatria social preventiva, os esforços psicoterápicos têm que se dirigir pelas mesmas metas, adequadas ao homem. Com isso, uma tarefa cada vez mais importante se aproxima dos psicoterapeutas. Pois quanto mais a moderna sociedade industrial progride, tanto mais produtivas tornar-se-ão suas máquinas, tanto menos horas e dias terão que trabalhar profissionalmente as grandes massas de empregados. Em relação a seu trabalho profissional, eles disporão cada vez de mais tempo livre. Eles poderão ter mais tempo livre do que as horas que são obrigados a estar no emprego. Por isso, daqui a pouco a tarefa decisiva da psicoterapia como psico-higiene social provavelmente será a de proporcionar ao maior número possível de homens durante o seu tempo livre a possibilidade de poder se libertar da concepção reduzida, tecnológica do mundo, à qual eles são forçados por seu trabalho profissional. Eles terão que chegar a um relacionamento de tal forma livre em relação ao espírito tecnocrata que, no seu tempo de lazer, eles possam se envolver num relacionamento fenomenológico com o mundo, totalmente diferente e muito mais rico. E não apenas para o divertimento deles. Para nós, homens atuais, isto é uma necessidade vital absoluta. Para nós é pelo menos tão importante como a purificação do ar e da água.

Pois só assim os homens da sociedade industrial poderão encontrar uma compensação salutar para o relacionamento técnico com o mundo. Não se trata, porém, de conseguir afastar completamente os homens de nosso tempo do relacionamento técnico com o mundo. Justamente a fenomenologia revela que também este relacionamento tecnocrata com o mundo não é um mero e arbitrário artifício dos homens, mas um destino na história do homem. Enquanto destino, o espírito da tecnocracia tem todo o direito de nos solicitar a nós, homens atuais, como seus realizadores. Por isso, aqueles que apenas se revoltam contra essas solicitações da tecnocracia, ou que tentam, de qualquer forma, desviar-se dela, no fundo sempre fogem também de si mesmos. Por outro lado, um envolvimento decisivo com a fenomenologia cria um relacionamento mais livre com o destino da tecnocracia e permite ver que ela é apenas um relacionamento com o mundo entre muitos outros possíveis. Assim, não somos mais obrigados a entender a tecnocracia como sendo o absoluto, o melhor, o definitivo, a verdade pura e simples. Mas reconhecemos então que a tecnocracia, hoje ainda dominante, deve solicitar os homens em proporção moderada e decerto não definitivamente.

O MÉDICO E A MORTE

UM ENSAIO ANALÍTICO-EXISTENCIAL[15]

Caros colegas. Agradeço-lhes a honra de me haverem considerado digno de poder lhes falar sobre nada mais nada menos do que o morrer. Antes de tudo, eu os felicito, como futuros médicos, pela audácia de enfrentar abertamente o problema da morte, e isto numa época histórica na qual, se me for permitido dizê-lo, há a tendência de ignorá-la, com veemência cada vez maior. Quero também aderir ao expressivo elogio que o orador que me precedeu atribuiu àqueles dentre vocês que formularam extraordinariamente bem as questões. E o saber formulá-las é o mais importante. No fundo, as questões já predeterminam e delimitam as respostas. Ora, como futuros médicos, o que lhes deu a coragem de, durante todo um Congresso, por assim dizer, enfrentar ou querer enfrentar a morte foi provavelmente o fato de que toda a nossa profissão, todas as profissões daqueles homens que querem curar outros, doentes, está orientada tanto para o viver como para o morrer. Pois toda doença é uma ameaça à vida e, com isso, um aceno para a morte, ou até um primeiro ou um último passo em direção à morte. Vida e morte são inseparavelmente unidas e pertencem uma à outra. Não há viver terreno sem morrer e não poderia haver morrer sem um viver precedente. Por isso não podemos nos aproximar isoladamente de um destes dois parceiros inseparáveis. Quem quiser compreender algo da vida dos homens deverá também pensar em seu ser-mortal, e quem quiser compreender a morte também será obrigado a se informar sobre a condição da vida humana.

---

15 Conferência proferida em 5 de dezembro de 1971 no encontro dos estudantes de medicina de Zurique em Boldern/Männedorf.

Infelizmente, nós, médicos, somos muito mal preparados para uma compreensão do viver e do morrer do homem, da vida e morte humana. Pois no que diz respeito ao nosso objeto de pesquisa, o homem que existe e morre, nossa formação sempre põe, por assim dizer, o carro na frente dos bois. Primeiramente somos introduzidos nos métodos de pesquisa da física e da química e depois também da botânica e da zoologia. Mas o homem não é apenas um corpo inanimado ou uma planta ou um animal. Certamente o existir humano, especialmente sua corporeidade, mesmo quando interrogado através desses métodos científico-naturais de uma forma como se o homem fosse um aparelho autorregulador, inanimado, ou uma planta ou um animal, também dá muitas respostas extremamente úteis e necessárias. Estes métodos dão as respostas que os senhores todos conhecem e que nos permitiram conseguir os admiráveis sucessos terapêuticos da medicina somática. Mas justamente aquilo que no existir humano é especificamente humano continua altamente subdeterminado. Os métodos de pesquisa científico-naturais não alcançam o âmbito dos fenômenos humanos, muito menos conseguem realmente penetrá-los.

Por exemplo, todas as modernas descobertas cérebro-fisiológicas e moléculo-biológicas, extraordinariamente refinadas, em nada contribuíram para a *compreensão* da consciência humana como tal. Do relacionamento dessas constatações cérebro-fisiológicas e moléculo-biológicas, como fenômenos das percepções humanas de algo como algo, deste ou daquele significado, pode ser dito apenas que seriam uma inter-relação de mero "quando com então". Quando de uma câmera escura eu olho para o sol e o vejo como um sol luminoso, então, através de um eletroencefalógrafo, certamente pode ser registrada um grande número de correntes em meu cérebro. Mas isto é somente um "quando então" e nada mais. Se procurarmos estabelecer um nexo causal entre os dois, se dizemos que os processos cerebrais seriam os produtores ou somente a "base", o "substrato" de meu compreender do sol como sol, neste caso praticamos magia científica disfarçada. Ninguém consegue conceituar algo razoável em tais relacionamentos entre o assim chamado somático e o assim chamado psíquico.

Mas, se nossos conhecimentos científico-naturais não nos permitem compreender o existir humano, eles não nos ajudam também em relação ao fim, isto é, em relação à morte. Quando muito, eles conseguem formular a morte do homem em analogia ao acabar-se de coisas materiais inanimadas. Por exemplo, a medicina científico-natural pode compreender a morte como algo que falta, como o último componente a ser acrescido, mais tarde, a uma coisa existente, aproximadamente como ao pagar em prestações uma dívida, a última parcela é paga e, com isto, esta dívida é liquidada. Algo que tem existência científico-natural também pode acabar de outra forma. A chuva, por exemplo, acabou – quer dizer desapareceu, terminou; ou o pão acabou, foi consumido; o caminho acabou, terminou, concluído ou não concluído. Uma máquina chega ao fim de seu funcionamento, uma roda quebrou. Mas a morte dos homens não pode ser adequadamente caracterizada através de todas estas formas do acabar-se. Nenhuma das formas desse acabar-se, nem mesmo de longe, deixa-se comparar com o morrer do homem. O acabar da vida humana antes parece ser comparável com o completo amadurecimento de uma fruta. Mas também esta aparência engana. Certamente a fruta imatura, assim como o homem ainda vivo, encerram dentro de si o seu amadurecimento, na medida em que fruta e homem podem produzir, partindo deles mesmos, no decorrer do prosseguimento de suas vidas, aquilo que eles ainda não são. Como na imaturidade da fruta, a existência do homem já é também o seu "ainda-não". A ambos pertence continuamente o seu "ainda-não" como a sua própria possibilidade. Mas, com o amadurecimento, a fruta se completa; em comparação a isto, o homem geralmente morre incompleto ou esgotado e gasto. É óbvio que também pela botânica nada se pode descobrir sobre a morte do homem como morte humana. O homem existe e morre de uma forma toda própria, reservada somente a ele. Por isso só podemos esperar uma compreensão do seu existir e morrer, se nos aproximarmos de ambos através de outro método de investigação, apropriado à sua particularidade especial.

Mas de modo algum transferindo simples e levianamente para o ser humano um método de pesquisa que deu bons resultados em outro setor – por exemplo, no da matéria inanimada. Por conseguinte, propomos-lhes hoje que se aproximem do viver e do morrer do homem, com um modo de observar que consiste tão-somente num olhar cuidadoso e imparcial. Devemos desistir radicalmente de todo derivar, explicar, concluir, formar hipóteses ou intervir com cálculos. Que a partir de agora o existir e morrer do homem se mostre ao nosso olhar despretensioso através desse existir e morrer do próprio homem. Só quando conseguimos isto, contemplar algo como algo, olhar para lá, e lá nos demorar contemplando e percebendo, só assim logramos reconhecer um primeiro e fundamental traço do nosso existir, um traço que não pertence a nenhum objeto inanimado. Da mesma forma que nosso próprio existir e morrer como tal pode abrir-se à nossa compreensão, assim também nós, homens existentes, somos feitos de tal maneira que existimos igualmente como um poder-perceber e um ser acessível para os significados de tudo que encontrarmos no âmbito do nosso mundo. Mas este poder-perceber e ser-acessível não está primeiramente encerrado dentro de uma cápsula-psiquê, uma cápsula-consciência ou algo parecido, de tal forma que, secundariamente, ele tivesse que sair de maneira inexplicável desta cápsula e "transcender" até as coisas do nosso mundo. Fundamentalmente, todos nós, em conjunto, somos antes um poder-perceber e ser-solicitável para aquilo que encontramos; e continuamente estamos estirados na amplidão do mundo, na medida em que há lugares dos quais algo nos solicita como algo. Pois, certamente, nunca poderíamos pegar e captar algo se não estivéssemos, todos nós em nosso mundo comum, junto às coisas, sempre como um poder-perceber e um ser-solicitável, ali onde as coisas de fato estão. Ou seja, apenas se pode captar e pegar aquilo perto do qual já se está. Mas, de acordo com nossa natureza fundamental, por sermos continuamente um poder-perceber aquilo que vem ao nosso encontro, estirado na amplidão do mundo, também estamos constantemente em relacionamento com aquilo, envolvidos com aquilo, procedendo diante daquilo, desta ou daquela forma. A princípio, nos demoramos num relacionamento de mera constatação frente ao que encontramos. Mas, em seguida, o que encontramos requer de nós um procedimento adequado, correspondente àquilo que ele mostra ser. Torna-se então claro que de forma alguma estamos neste mundo como corpos inanimados: cada vez que nos vemos como existentes, nós nos descobrimos como aqueles seres que sempre se abrem, neste ou naquele relacionamento, diante daquilo que encontramos. Os corpos inanimados podem ser suficientemente caracterizados, afirmando-se que estão em determinado lugar do espaço. Mais ainda, conforme seu volume, eles ocupariam uma parte do espaço e seriam separados dos outros corpos por determinadas distâncias. Além disso, pode-se dizer dos corpos inanimados que neles se verificam qualidades sensorialmente perceptíveis bem determinadas. Mas, de tudo isto, não há nem vestígio no existir do homem! O homem não existe que nem uma coisa, por si, que tem qualidades determinadas e que está num certo lugar. Pelo contrário, ele existe como um conjunto singular de possibilidades de relacionamento, possibilidades que realiza na medida em que é solicitado pelo que encontra. Podemos dizer que o nosso existir consiste nas possibilidades de relacionamento recebidas diante daquilo que nos solicita e que nos chama. Certamente se pode dizer que também no tronco de uma árvore estaria contida a possibilidade de se tornar uma mesa, através de um marceneiro. Mas numa coisa assim inanimada, essa possibilidade se esgota definitivamente, uma vez que tenha sido feita a mesa. Então, o tronco da árvore perdeu a possibilidade de permitir que dele se produzissem mais mesas. Por outro lado, se nós, homens, executamos as nossas possibilidades de relacionamento, não somente as conservamos, mas, diante do que encontramos, elas se tornam cada vez mais perfeitas, exercitadas, treinadas e adequadas.

Todavia, entre a variedade abundante do poder-relacionar ou das possibilidades do existir humanas, nós descobrimos, estando atentos, uma que se destaca de modo singular de todas as outras. Esta é a possibilidade da existência do poder-morrer. É tão característica esta possibilidade do nosso poder-morrer que, desde os tempos de Parmênides, ela deu seu nome aos homens, pois, a partir de então, estes são chamados de mortais. O morrer é uma possibilidade destacada do existir humano, por ser a mais extensa e não ultrapassável. Sua realização – que cada um de nós tem que realizar por si próprio – consiste em que, com ela, nossa existência se abandona a si mesma. A morte dos homens é a possibilidade do não mais poder-estar-aqui. Mas temos que insistir, e isto é absolutamente decisivo, que esta extrema possibilidade faz parte da existência, e, como tal, é própria da essência, quer dizer, pertinente desde sempre ao nosso próprio existir. Nós, como homens existentes, somos constituídos também por ela, junto de todas as outras possibilidades de procedimento diante daquilo que vem ao nosso encontro. Ao homem já pertence, com o seu vir-à vida, continuamente, a possibilidade do morrer. Logo que existe o ser-aí do homem, ele já está lançado na possibilidade do morrer. Esta possibilidade intrínseca da existência, não ultrapassável, extrema, o homem não pode obter posterior e oportunamente de qualquer parte lá fora, no decorrer do seu existir. O existir humano encontra-se com a sua morte diante do seu mais íntimo poder-ser. Além do mais, cada homem tem que morrer a sua própria morte. Em mil e uma das nossas outras possibilidades de proceder, podemos ser substituídos por alguém. E dizer-se que hoje em dia há procuração para tudo! Mas, no morrer, todos nós somos insubstituíveis. Esta possibilidade extrema e mais íntima do existir do homem, a de morrer, é por ele percebida, desde cedo, como sendo a mais certa de todas as suas possibilidades, entendida como ser-mortal. Ele, o homem, é provavelmente o único ser vivo que sabe com certeza do seu ser-mortal e do seu ter-que-morrer. Mas, desde que sabe disto, ele é fatalmente obrigado (e não pode fazer outra coisa) a reagir, de alguma maneira, ao percebido. Simplesmente não se pode deixar de reagir a algo, uma vez percebido e sabido.

Por esta razão, mas somente neste sentido, a vida humana pode também ser chamada um "ser-para-a-morte". Continua duvidoso se os animais sabem que são mortais, pois nada podem dizer-nos sobre isto. Caso não saibam nada a respeito, então eles também não podem morrer como o homem. Neste caso, eles somente se acabam.

O procedimento mais livre e digno do homem frente à própria mortalidade, a esta possibilidade de relacionamento inerente, extrema e última, que é pertinente a nós e que também constitui o nosso existir, consiste em continuar sempre consciente dela, em tê-la como que constantemente diante dos olhos. Entretanto não estamos advogando a favor do pessimismo. De modo algum entendemos com isso um fitar obstinado da morte que chegará, assim que, de tanto fitar, deixa-se de viver. Muito pelo contrário, pois se continuamos sempre conscientes do nosso morrer, então, e somente então, todas as outras possibilidades precedentes da vida, que também recebemos, são postas no seu lugar de acordo com sua categoria. O continuar consciente da nossa mortalidade nos impede de nos fixarmos numa das provisórias e precedentes possibilidades de procedimento, nos impede de torná-las absolutas. Por exemplo, o tornar absoluto do acúmulo de posses, ou do escravizar-se às atividades cotidianas, aparecem necessariamente diante de nossa mortalidade como ridicularidades que elas são, se tomadas como procedimentos absolutos. Graças ao fato de nos lembrarmos constantemente da possibilidade do existir do ter-que-morrer, ganhamos também a liberdade de franquear a nossos semelhantes as possibilidades vitais destinadas a eles, e de admitir que eles continuem aquele ser humano conforme foram intencionados. De fato, com o tornar-consciente e o continuar-consciente da nossa mortalidade, nossos precedentes modos de relacionar, nosso relacionamento profissional e co-humano, obtêm a verdadeira dignidade, o verdadeiro significado que realmente lhes compete. Pois só quando continuamos sempre conscientes de nossa mortalidade é que continuamos percebendo que cada momento de nossa vida é irrecuperável e por isso tem que ser aproveitado. Isso só pode acontecer se a cada momento nos abrimos tanto quanto possível ao apelo daquilo que vem ao nosso encontro, e se respondemos adequadamente a isto, dedicando-lhe toda nossa essência. Se fôssemos imortais, nunca nos arrependeríamos das oportunidades perdidas. Sempre, a qualquer hora, poderíamos recuperar as perdas. Somente porque o homem é finito, cada momento conta. Conta como realização e libertação ao nos envolvermos adequadamente com as reivindicações daquilo que nos solicita. Conta como falta (*Schuld*) se deixarmos de corresponder. Mas o relacionamento aberto, o único digno do homem frente à intrínseca e extrema possibilidade de existir, o morrer, esse relacionamento não é mais procurado na sociedade atual possessiva e competitiva. Nela, a vida, igual a tudo que existe, só pode ser entendida como uma posse. Nossa visão dos fatos do mundo geralmente é tão reduzida, que aquilo que encontramos só pode aparecer como possibilidade de produção e promoção do próprio poder. Assim, para a maioria das pessoas, trata-se apenas de agarrar a vida como uma posse permanente. Por isso a morte é negada tanto quanto possível. Todos nós conhecemos inúmeras possibilidades de negar a morte. Primeiramente, reduzimos nossa visão em relação à própria mortalidade ao ponto de querer perceber a morte apenas como a morte de outros. Preferimos vê-la como um acontecimento que fatalmente sucedeu a fulano ou a beltrano. Distanciamo-nos de nossa mortalidade com a ideia de que certamente há mortes, mortes de outros, mas que para nós ainda falta muito. Além disso, a morte nos parece ser uma mera transformação de um ser vivo em algo inanimado. Podemos também manter nossa mortalidade a certa distância se examinarmos a morte psicologicamente. Há um número considerável de pesquisas psicológicas sobre o morrer. Mas elas não são, no fundo, pesquisas sobre a morte, e, sim, sobre o procedimento dos que ainda vivem. Pois a morte, o ser-mortal como um dos traços essenciais do homem, não pode ser captada psicologicamente. Só "filosoficamente" poderemos ter compreensão dela, se quisermos. Certamente ocorreria uma brutalidade gratuita se os médicos dissessem, sem piedade, na cara de cada moribundo, que a sua morte está próxima; para estes doentes, a firmeza psíquica não é suficiente para aceitar esta verdade, sem preparativos extremamente demorados, de forma que ela lhes permitisse um último ato de amadurecimento humano.

Em círculos não médicos, a negação da morte pode assumir formas grotescas. Nunca esquecerei minhas visitas aos *Funeral Homes* americanos, nos quais os defuntos são maquilados, um cigarro é colocado em suas bocas, e ao lado se tocam fitas gravadas com discursos que os falecidos pronunciaram outrora.

Entre aqueles que não querem ou não conseguem fugir, desta forma, da morte, muitos existem que se angustiam abertamente diante dela. No procedimento angustioso diante da própria morte, esta se revela como o apagar definitivo no nada vazio, como o fim de tudo. A única certeza, porém, é que a existência humana, depois de ter morrido, não está mais no mundo da mesma forma corpórea como antes. Mas esta certeza não exclui, de forma alguma, a possibilidade de a morte justamente não trazer consigo a aniquilação radical de tudo que é temido na angústia diante dela. A morte pode certamente significar uma transformação do estar-no-mundo existencial anterior numa forma de ser totalmente diferente, numa forma de ser que, sem dúvida, não é acessível aos mortais enquanto eles vivem. Será que esta possibilidade não evoca outros modos diferentes do ser do homem, modos que costumam mudar? Por exemplo, quem está dormindo e sonhando não consegue entender que ainda dispõe de outro existir, acordado e totalmente diferente, justamente aquele no qual ele se encontra depois do despertar. Neste, ele se encontra então com seus semelhantes, acordados, junto às mesmas coisas de um mundo comum, totalmente diferente daquele que o envolveu há pouco. No entanto, enquanto sonhava, ele tomava o seu modo de existir sonhador como se fosse, para ele, o único possível e inteiramente acordado estar-no-mundo, assim como nós tomamos o nosso verdadeiro estar acordado como se fosse nossa única e possível forma de ser despertos.

Os homens que porventura tenham alcançado o mais alto grau de maturidade, de uma alegria serena e livre, percebem esse caráter de mudança e transformações, que possivelmente pertence à morte. Entre eles, há homens que chegam a compreender a morte como a realização daquela possibilidade do existir, que justamente por ela abranger e finalizar a existência humana na sua totalidade, prova que esta possibilidade é fundamentada numa indisponibilidade. Cada limite indica em si mesmo algo além do limitado. Para o existir desses homens que conseguem se libertar e se ampliar até uma tal alegria serena, torna-se evidente, de maneira especialmente impressionante no fenômeno da morte, que a existência humana não é algo completo em si. Pelo contrário, a mortalidade dos homens mostra-lhes que a existência humana está constantemente aberta para aquele fenômeno todo diferente, que não é apenas mais uma coisa presente, mas, antes, algo que solicita o ser humano constantemente como âmbito do mundo do perceber significados. Graças a esta condição, o homem pode utilizar este âmbito como lugar de aparecimento dentro do qual algo pode se tornar presente e com isto ser. Pois, como, e para dentro de quê, algo poderia ser, quer dizer, tornar-se presente, se não houvesse um âmbito de percepção aberto?

Com isso terminamos os esboços sobre a morte, que provêm da própria pesquisa de fundamentos da medicina da fenomenologia, ou *Daseinsanalytik*. Mas eles são indispensáveis se nas discussões seguintes quisermos estar razoavelmente preparados para cada pergunta que vocês me dirigirem. No questionário enviado, encontro em primeiro lugar: "Conceito ou essência da morte".

Quanto a isso, tem que ser observado de início que a morte não pode ser compreendida conceitualmente, se quisermos compreender "conceito" no sentido moderno, atual, científico. Pois chega-se a um determinado conceito através de uma definição. Mas uma definição significa, desde há muito, "*fit per genus proximum et differentiam specificam*". No entanto não podemos submeter a morte a uma espécie. Frente a ela, nossa conceituação moderna falha completamente. Diga-se de passagem que essa conceituação não alcança justamente as coisas essenciais. Os fatos essenciais, que nos permitem existir tal qual somos, não são compreensíveis conceitualmente e, menos ainda, podem ser provados cientificamente. A ciência "somente" pode receber como fatos as coisas essenciais, e tem que aceitá-las como tais para, em seguida, tratá-las conforme sua natureza: do mesmo modo que a morte, os senhores não podem também compreender conceitualmente o "espaço", "o espacial". Os senhores podem formar um conceito do "espacial" ao atribuir-lhe uma homogeneidade e então torná-lo mensurável. Mas só podemos classificar ou medir aquilo que já temos recebido. Certamente a nós homens, é concedido ver e descrever a "essência" desta possibilidade simples, a de morrer. Deve-se entender por "essência" aquilo que de mais íntimo impera constantemente na coisa que está presente e que faz dela uma coisa de tal ou qual significado. Já caracterizamos a essência da morte, afirmando que o morrer é, de fato, uma possibilidade iminente do existir, pois ela é extrema e não ultrapassável, e que esta possibilidade faz parte do existir humano desde o nascimento. Por ser a morte um componente integrado do existir humano, ela não pode ser jamais um acontecimento estranho para o homem. Por outro lado, ela não é um mero componente, pois somente os objetos inanimados têm componentes.

A próxima questão é: "O relacionamento com a morte se modifica com a idade? Se for assim, de que forma?". A partir do que lhes disse de fundamental, entende-se facilmente, por exemplo, a observação que sempre pode ser feita em crianças antes da puberdade, quando geralmente não têm medo da morte, desde que não sejam "contaminadas" pelo medo dos adultos. Não é que eles não tenham medo de morrer por não saberem o que é isto. Os adultos angustiados também não o sabem por experiência própria. Crianças antes da puberdade não têm medo por ainda não se entenderem como sendo um sujeito isolado, o qual poderia ser destruído separadamente. As crianças são ainda tão sustentadas por seu âmbito de origem que não podem compreender-se como algo isolado, e por isso não podem também ter medo da própria destruição como parte de um elemento indivisível, individualizado. Também não têm medo aqueles homens que em sua vida realmente se deixaram usar, os que deixaram que se desgastassem, no essencial, as possibilidades que receberam da vida. Então eles cumpriram aquilo para o que existiram, a saber, para serem usados como o local de aparecimento, aberto e sensível, dentro do qual pode aparecer e se desdobrar aquilo que deve ser. Pois algo só pode aparecer onde há uma luminosidade, uma clareira. Morrem sem angústia os homens que se deixaram usar como âmbito do mundo, aberto e solícito para os significados daquilo que encontraram, homens que gastaram sua vida neste procedimento que responde e corresponde ao apelo das coisas. Nós os vemos passar para a morte com serenidade. Por outro lado, o morrer sempre chega cedo demais para aqueles homens que se esquivaram ao próprio "para que" do seu existir e assim fizeram mau uso da sua liberdade; pois a liberdade humana consiste basicamente na possibilidade de os homens poderem acatar ou recusar a realização do seu destino. Por isso, entram em pânico sempre que se deparam com a possibilidade de morrer. Então eles se opõem contra isto numa agonia torturante e sem-fim.

A pergunta seguinte é esta: "De que forma o conhecimento da própria morte influencia o procedimento dos homens durante a sua vida?". Parece-me que ela já está respondida pelas exposições anteriores, que trataram da fuga habitual deste conhecimento (de seu abafamento no desdobrar-se compulsivo em atividades cotidianas, as "manias de trabalho", de sua fixação obstinada em qualquer outro tipo de procedimento de primeiro plano) e do único procedimento digno do homem, o de enfrentar abertamente a própria mortalidade como uma possibilidade da existência, própria e insubstituível, e de tê-la constantemente diante dos olhos.

A última pergunta do questionário, para a qual posso pelo menos esboçar uma resposta, diz respeito à eutanásia, ao encerrar da vida humana que se supõe sem valor. Não acho que esta questão seja, no fundo, uma questão possível. Pois de onde é que nós médicos, de onde é que qualquer homem, em geral, tiraria os critérios para avaliar qualquer vida humana, sem se expor à grave censura de ser arrogante e petulante?

Em todo caso, a vida humana nunca pode ser vista como uma coisa que existe por si só, isoladamente. O existir humano abre-se, constantemente, de acordo com a sua característica fundamental, num tecido extraordinariamente rico de relacionamento humano; portanto ele é fundamentalmente um existir social. Por isso, também nós médicos queiramos ou não, nunca podemos dispensar uma sociologia. Disso resulta, por exemplo, que também uma criança portadora de síndrome de Down não deve ser vista isoladamente. O fenômeno todo é sempre uma criança com Down *como* filha de pais, *como* irmã ou irmão dos irmãos, e como semelhante em círculos ainda bem maiores. Visto assim, quanta criança com Down não possui o "valor" extraordinariamente alto de, por sua existência, despertar em seus familiares as possibilidades do existir e do cuidar amoroso (que, do contrário, talvez fossem atrofiadas) e de levá-las ao mais alto desenvolvimento?

Sem dúvida, não podemos desconhecer as observações segundo as quais certos pais não são capazes de desenvolver a imensa capacidade de amor que solicita uma criança portadora de Down, fazendo a família toda se desintegrar por causa dessa sobrecarga. Então, a mesma criança com Down, internada num asilo, pode trazer à luz nos enfermeiros um procedimento humaníssimo.

Permanece assim decisivo que pretender julgar a capacidade ou o valor de uma vida equivale a uma atitude de hibridez anômala. Por isso todo esforço médico no sentido da eutanásia supõe necessariamente a sedução do ilimitado.

Com isso não queremos, de modo algum, aprovar os esforços médicos de conservar a vida humana, mobilizando todos os artifícios técnicos atualmente utilizáveis, mesmo quando esta vida está definitivamente reduzida às manifestações privativas de um vegetar meramente físico e sem-mundo; seja na forma de prematuros malformados, seja na forma de velhos esgotados, constantemente em coma e que somente estertoram, sabendo-se que todos já teriam morrido há muito sem esses artifícios técnicos. Também isto pode ser "hibridez", o privar estes seres humanos, a qualquer preço, de sua morte natural.

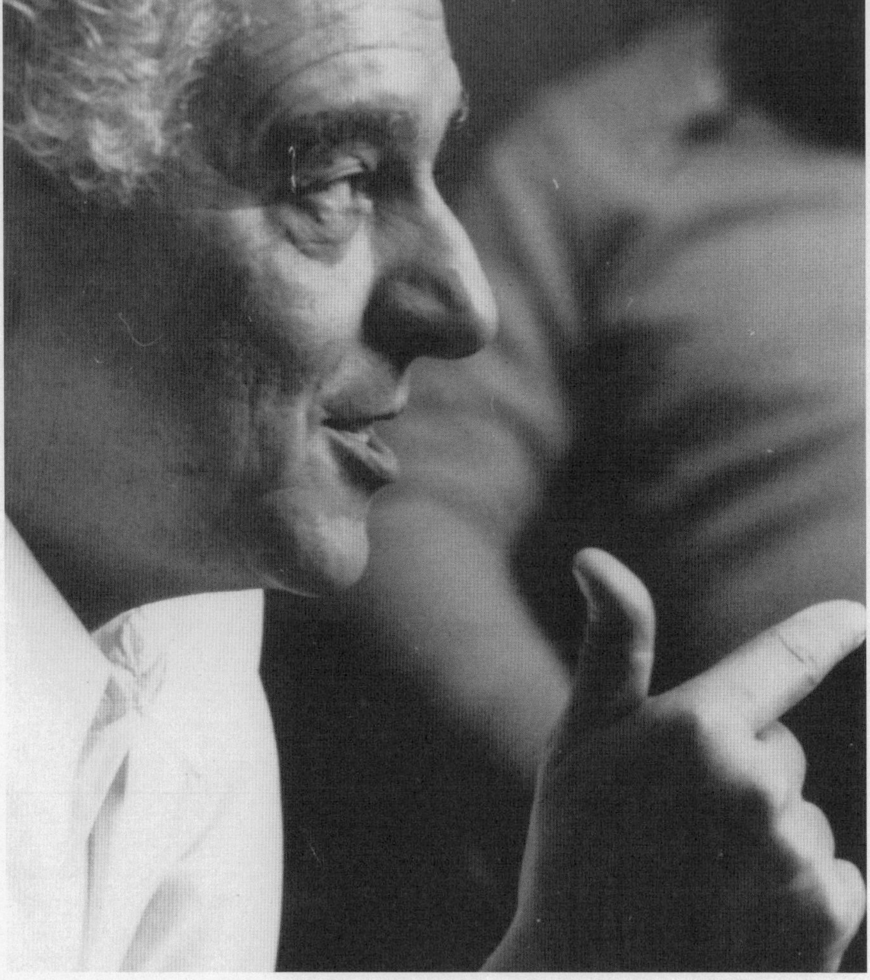

SOLON SPANOUDIS

COLETÂNEA DE ARTIGOS

SUMÁRIO

NEUROSE DO TÉDIO 105

A TAREFA DO ACONSELHAMENTO E
ORIENTAÇÃO A PARTIR DA DASEINSANALYSE 111

CONHECER O OUTRO NA ENTREVISTA 123

APRESENTAÇÃO DA EDIÇÃO BRASILEIRA
DO LIVRO *NA NOITE PASSADA EU SONHEI* 127

A TODOS QUE PROCURAM O PRÓPRIO CAMINHO 131

ABORDAGEM FENOMENOLÓGICO-EXISTENCIAL
DOS SONHOS-I. 141

NEUROSE DO TÉDIO[1]

No *Dicionário de Psicologia*, traduzido do *Vocabulaire de la Psicologie*, de Henri Piéron, de 1951, encontramos, entre outras, as seguintes definições de neurose:

• "Afecção mental que se caracteriza por perturbações funcionais, sem comprometimento da personalidade".
• "A neurose é constituída por sintomas somáticos, negativos e positivos, resultantes da falta de descarga de uma impulsão, sem intervenção dos mecanismos de defesa específicos na formação dos sintomas psiconeuróticos".
• "Neurose narcisista; regressão que torna a transferência difícil, pois a libido é retirada dos objetos e reinvestida no ego".

Será que definições como psique, corpo, mente, que decompõem o ser humano num mosaico de noções objetivadas, abstratas, autônomas, nos ajudam a compreendê-lo? Será que o indivíduo neurótico não nos revela em sua fisionomia, em sua postura, em seus movimentos, em seus pensamentos, sentimentos, em suas vivências e sua visão do mundo algo mais do que perturbações funcionais, descarga de impulsos e desvio de libido?

Todo ser humano neste mundo, por isso também o neurótico, é uma abertura para o mundo; existe a seu modo, com todas as suas peculiaridades; assim precisamos observar e compreendê-lo na sua integridade humana. Uma das suas manifestações que se destaca hoje em dia com grande frequência é o tédio. É por isso que Medard Boss já há muitos anos se viu obrigado a formular o conceito da "Neurose do Tédio", esse

---

1 Texto publicado, originalmente, em alemão, em 1973, no livro comemorativo *Medard Boss: Zum Siebzigsten Geburgstag* e, em 1976, na revista *Daseinsanalyse* n. 2.

mal que é tão típico para nós, homens atuais, como o foram as neuroses histéricas no tempo de Freud. O que significa a palavra "tédio"? Este termo procede do latim: *taedium*, do verbo *taedere*, e nos dicionários é traduzido como fastio, desgosto, aborrecimento, dissabor, enjoo, repugnância, tudo que enfada, molesta, cansa, incomoda. "*Taedium movere sui*" (tácito) significa tornar-se enfadonho a si mesmo. Em inglês: *tediousiness, tiresomely long or slow from dullness, bored* (cansativamente longo ou lento). Em alemão: *Langweiligkeit* (tempo vagaroso, longo). Em francês: *ce qui est fastidieux*. No grego antigo, além da palavra *ANIA* (*anía*) que corresponde ao tédio, existe também a palavra *THTH* (*titi*), do verbo (*titaome*) que significa falta de algo, escassez. Insistimos nas definições e na etimologia da palavra não por razões escolásticas, mas para captar tanto o quanto é possível o que ela nos revela, nos comunica. No tédio existe o aborrecimento, o desgosto, a falta de algo e, especialmente no alemão e no inglês, é ressaltada nitidamente a vivência do tempo que fica estagnado. Mas não somente o tempo vivencial se altera, também o espaço se torna mais reduzido no sentido de desgosto, enjoo, na falta de iniciativa. Salientamos que essas vivências imediatas do tempo e do espaço são as originárias. Os conceitos físico-matemáticos são procedentes delas, e nunca o contrário.

O tédio é um fenômeno que revela tudo que enfada, molesta, cansa, aborrece, incomoda, enjoa e estagna nossa existência. Todos nós, em várias circunstâncias, vivenciamos o tédio em dias ou horas tediosas. Mas, quando o tédio domina e escraviza o ser humano em sua totalidade, então entramos na problemática da Neurose do Tédio.

Preferimos não formular uma definição abstrata e generalizada da Neurose do Tédio, mas tentar esclarecer o que o ser humano dominado pelo tédio nos comunica, nos transmite, nos revela.

Citaremos três breves exemplos de nossa experiência.

Uma pessoa no encontro psicoterápico relatou o seguinte sonho:

"Encontrei-me com várias pessoas em frente a um grande objeto, semelhante a um escorregador. Uma depois da outra subia e escorregava como se fosse um ritual, como se cumprisse uma obrigação ou praticasse um ato de rotina. Quem comandava todo esse jogo era minha mãe." À pergunta: "O que lhe ocorre? O que vivencia esse sonho?", o paciente responde: "É exatamente como minha vida: monótona, tediosa, mecanizada, tudo feito sem ânimo". O fator mãe neste sonho, apesar de sua óbvia importância, não entra aqui em nossas considerações.

Um outro paciente se manifestou assim:

"Sinto-me vazio, parado, parece que tudo é forçado."

Falando sobre drogas, outro disse:

"Eu e meus amigos tomamos drogas para fugir do vazio que sentimos, para nos livrarmos da monotonia ou do desgosto de viver."

Todas estas revelações eram acompanhadas de grandes sentimentos difusos de culpa, bloqueio do futuro, opressão e falta de iniciativa, além de muitos sintomas psicossomáticos. Nestas manifestações, a existência humana está presa na mecanização, monotonia, automatização, estagnação e no aborrecimento.

Por que hoje em dia estas manifestações reveladoras do tédio e as consequentes necessidades de compensação por atividades sensacionais, estresse contínuo, fuga nas drogas, protestos violentos, geralmente acompanhadas por angústia acentuada, são tão frequentes e insistentes? Tentamos refletir sobre vários aspectos desta problemática para conseguirmos, pelo menos, uma resposta parcial.

Desde o triunfo das ciências exatas, da deificação do raciocínio matemático, da conquista tecnológica, começou o declínio da religiosidade. Nas civilizações antigas e na Idade Média, a fé não era um sistema teológico construído, mas a matriz e a raiz da vida humana. Até hoje, nos povos e nas chamadas camadas subdesenvolvidas, o ser humano ainda é capaz de vivenciar o divino, conviver com ele numa comunicação autêntica de *eu* e *tu*, dedicando e recebendo afeto, superando assim grande parte da problemática do vazio, do abandono, da angústia e da morte.

Hoje em dia a civilização tecnológica está em pleno desenvolvimento; ao mesmo tempo, a religiosidade se desvanece e se começa o rompimento com o divino, surgindo assim uma nova problemática para o indivíduo.

Mas o que caracteriza a civilização tecnológica industrial, ou melhor, a época tecnocrática? Encontramos a resposta para essa questão no desenvolvimento crescente do industrialismo, produzindo bens de consumo em grande escala e nas façanhas extraordinárias no campo tecnológico como, por exemplo, a construção de cérebros eletrônicos que superam em muito a capacidade individual do homem no campo de cálculos, coordenação e previsão.

Toda esta atividade pressupõe organizações gigantescas para a planificação e administração, e provoca uma expansão dinâmica que, ultrapassando barreiras e fronteiras, abrange todo o globo terrestre. Hoje em dia, um país é valorizado unicamente pelo seu grau de sub ou super desenvolvimento, isto é, se está à altura daquelas atividades, qual a sua renda per capita, sua produção de bens de consumo, qual o seu poder aquisitivo etc.

Tanto nos sistemas capitalistas como nos sistemas socialistas, estamos num coletivismo tremendo em razão do aperfeiçoamento contínuo dos meios de comunicação, de rádio e televisão, da publicidade e propaganda, da aglomeração humana nas cidades e nas fábricas e da automatização do trabalho. Este coletivismo leva à massificação e objetivação do ser humano. Os meios de comunicação e os produtos de consumo condicionam quase tudo: os modos de o homem se comportar, se vestir, e se comunicar. Através dos continentes, os costumes e modos de viver se transformam em padrões comuns, e slogans substituem o diálogo.

Em 1940, Karl Jaspers já falava das estereotipias da sociedade moderna como consequência da massificação. Nesta situação, o indivíduo fica aparentemente protegido através da mediocridade e da expressão comum "*a gente*", em vez de "*eu*" ou "*nós*".

Martin Heidegger escreveu em 1948 no ensaio "O caminho do campo":

> *O perigo ameaça que o homem de hoje não possa ouvir a sua linguagem. Em seus ouvidos retumba o fragor das máquinas que chega a tomar pela voz de Deus. Assim o homem se dispersa e se torna errante. Aos desatentos, o simples parece uniforme. A uniformidade entedia. Os entediados só veem monotonia ao seu redor. O simples desvaneceu-se.*

Não será a perda deste "simples" o que leva à alienação da própria existência humana? Não será essa alienação em si mesma que desencadeia no homem a neurose do tédio e, assim, a mania de experimentar sempre algo diferente, para que ele se liberte da monotonia e da estagnação? Se for assim, o que devemos fazer? Voltar à natureza, abandonar e destruir a nossa tecnologia, regredindo até a época das cavernas? Não podemos negar as contribuições óbvias e positivas da civilização tecnológica industrial. Apenas enfrentamos um fenômeno global em toda a sua complexidade e problemática. No seu ensaio "Angústia vital, sentimentos de culpa e a libertação psicoterápica", Medard Boss prevê, em 1952, que a neurose do tédio ou do vazio se propagará cada vez mais no futuro próximo.

Queremos focalizar a seguir as manifestações múltiplas da neurose do tédio em alguns fenômenos da nossa época.

Os tediosos, em geral, parecem tensos, com uma expressão artificial, padronizada, preocupados com queixas difusas da monotonia da vida. Querem solucionar os seus problemas através de palpites, pílulas mágicas, testes vocacionais e outros recursos fictícios. Tudo isto indica frequentemente uma atitude passiva e, até mesmo, uma incapacidade de enfrentar o futuro. A ocupação com rádio e televisão torna-se quase uma atividade compulsiva e a não aquisição rápida dos bens de consumo desencadeia grandes frustrações. O afeto é bloqueado pela agressividade contra si mesmo e contra os outros. Por outro lado, esta alienação em si mesma provoca grandes cargas de sentimento de culpa e leva à incapacidade de amar no sentido puro e profundo da palavra, acentuando-se somente o desejo de posse. A maior parte desta problemática fica contida atrás de uma máscara de frieza e inércia.

Repetimos que o tédio se manifesta com muita frequência e intensidade em nossa época tecnocrática. As características desta época fazem parte dos fatores que Karl Jaspers denominou de "totalidades". Como exemplo dessas totalidades, há os padrões de cultura, estratificação da sociedade, raças, conceitos, tradições, costumes etc., que existem alheios ao indivíduo. Isso quer dizer que o nascimento ou a morte individual em nada altera essas estruturas, porém a existência individual as reflete, com elas frequentemente se identifica e a elas se escraviza.

Em resumo, todo este breve esboço sobre o declínio da religiosidade, sobre as características da época tecnocrática foi uma tentativa para compreender melhor as manifestações da neurose do tédio, tomando em consideração as estruturas das totalidades atuais de nossa época.

Num dos seus ensaios, Vicente Ferreira da Silva escreveu: "Viver não é reproduzir algo, mas propor-se algo". No seu artigo "O humanismo na arte moderna", Theon Spanudis aborda a manifestação da arte moderna como sendo um propor-se-algo-do-homem dentro das estruturas da civilização industrial. Não é necessário querer realizar o "propor-se-algo" com façanhas extraordinárias, heroicas, destacadas. Somente se conseguir se libertar da massificação e da alienação, encontrando-se a si mesmo, é que o ser humano poderá mobilizar afeto, entrar num relacionamento autêntico do *eu*, *tu* e *nós* e se tornar capaz de propor-se algo.

No decorrer de uma psicoterapia, tentamos penetrar as manifestações do tédio e de outras neuroses, através da "intimidade compreensível", para a qual escreveu Edu Machado: "torna-se necessário um determinado tipo de sensibilidade muito semelhante à do artista, na qual intuição e criação se fundem na captação do real".

Conseguir a autenticidade esclarecida da própria existência humana, eis o que se tenta no encontro psicoterápico.

A TAREFA DO ACONSELHAMENTO E ORIENTAÇÃO A PARTIR DA DASEINSANALYSE[2]

A Daseinsanalyse é um novo método de entendimento do existir humano, desenvolvido por Medard Boss. Quando dizemos "método", queremos nos referir ao significado original desta palavra, encontrado no grego antigo. Método vem de *meta òdós. Meta* quer dizer "*após*" e *òdós* significa "*caminho*". A expressão "após o caminho" não se refere a "estar além", "fora de nosso mundo". Ao contrário, ela significa continuar um caminho que nos conduza a ver o nosso existir, simplesmente, como ele se mostra.

A Daseinsanalyse também não é uma nova teoria, se entendemos *teoria* como um conjunto de hipóteses e suposições para confirmar modelos pré-estabelecidos e baseada numa explicação causal e determinista. Este é o sentido, por exemplo, da teoria freudiana. A metapsicologia, proposta por Freud, é o equipamento teórico da psicanálise, isto é, a base para as afirmações causais psicanalíticas. Foi o próprio Freud, em seu trabalho *O inconsciente*, que disse ser o inconsciente uma noção fictícia para servir para a construção causalista e determinista da psicanálise, independente dos fenômenos, tais como se mostram. Estes fenômenos que muito frequentemente são distorcidos e sacrificados para satisfazer a construção teórica causalista.

Por outro lado, se considerarmos o conceito original do grego antigo em que *theoria* quer dizer "plenitude de desvelamento", podemos então afirmar que a Daseinsanalyse é uma teoria. Partindo dessa noção do

---

2 Texto publicado, originalmente, em 1978, na revista *Daseinsanalyse* n. 4.

grego antigo de *theoria*, não podemos avaliar a Daseinsanalyse comparando-a aos sistemas e conceitos científico-tecnológicos que partem de afirmações pré-estabelecidas. Também será inútil querer entender a Daseinsanalyse como uma nova teoria psicológica que serve para completar as já existentes, a partir de um ecletismo que constrói um mosaico conveniente de vários elementos teóricos. Tal ecletismo permanece também na tentativa de encontrar uma explicação causal e determinista, somente através de uma somatória de todos os elementos teóricos com que se depara. Assim, ele traz, no fundo, mais confusões e distorções que esclarecimentos, pois continua nos afastando daquilo que vivemos, na maneira como vivemos. A Daseinsanalyse, ao contrário, é um método para que nos aproximemos mais do existir humano e possamos compreendê-lo. Nesse sentido, é uma fenomenologia hermenêutica que nos possibilita ver os fenômenos como eles se mostram e desvelar o sentido fundamental de tudo que encontramos.

A partir desse caminho, tentaremos expor e esclarecer os fenômenos e as atividades chamados de aconselhamento, orientação psicológica e orientação vocacional.

Começamos perguntando: o que significa aconselhamento? O que queremos dizer quando falamos em orientação? Para responder a essas perguntas, recorremos inicialmente ao dicionário e encontramos:

> 1. Aconselhamento: (Psic.) forma de assistência psicológica destinada à solução de desajustamentos leves de conduta e à solução de conflitos. A) diretivo: baseado em amplo e completo diagnóstico de caso, no estudo de várias soluções ou caminhos apresentados ao orientado; B) não diretivo: permite ao orientado expressar livremente seus anseios, preocupações, tensões emocionais e seus planos positivos de escolha, limitando-se o orientador educacional a fazer com que o aluno adote a solução que melhor lhe pareça e o orientador psicológico a valorizar a personalidade do paciente.
>
> 2. Orientação: direção, guia, regra; ato ou arte de orientar (-se).

(Educ.) Processo intencional e metódico destinado a acompanhar, segundo técnicas específicas, o desenvolvimento intelectual e a formação da personalidade integral dos estudantes. (Psic.) Orientação profissional – conjunto de esforços sistemáticos desenvolvidos mediante métodos e técnicas próprios no sentido de ajudar pessoas.

3. Orientar: examinar cuidadosamente os diferentes aspectos de uma questão. Dirigir, encaminhar.

Na psicologia, tanto o aconselhamento diretivo como o não diretivo, apesar de serem opostos, partem de uma mesma base, de uma mentalidade comum, assim como uma mesma rua que tenha mão dupla. A orientação também parte do mesmo ponto. Este ponto, isto é, a base comum que mencionamos, consiste em avaliar os aspectos diferentes de uma questão e dos dados obtidos. E quando se trata de conclusões interpretativas ou de resultados de avaliações explícitas ou implícitas de dados, que atualmente são fornecidos de modo muito eficiente pelos computadores, somente podemos contar com dados uniformes, objetivados e genéricos, que são então aprovados ou reprovados. Desse modo, a avaliação de dados tem validade generalizada e independente da pessoa que conta ou vive o problema. Esta tentativa ignora o que de fato possibilita o aconselhamento e a orientação diretiva ou não diretiva, que é a característica fundamental do homem de coexistir. Martin Heidegger, na sua "Daseinsanalytik" mostra que uma característica primordial do homem é o "coexistir", o viver com os outros. É esse coexistir fundamental que possibilita ao ser humano se tornar autêntico – mais ele próprio – ou ficar disperso e engolido na massificação, reduzido a um mero objeto, coisificado. Expressões como: "Eu me sinto sozinho", "Fico marginalizado", "Ninguém me compreende", ou "Criança abandonada" não teriam nenhum sentido e não poderiam ser ditas se primordialmente já não coexistíssemos com os outros. Mesmo a pequena palavra "com" e a locução "comigo", também não teriam sentido e nunca poderiam ter surgido como palavras se primordialmente não se baseassem nesta característica fundamental.

Desse modo, o coexistir é a própria possibilidade de realização de todas as psicoterapias. Psicoterapias interpretativas, comportamentais etc. são modos de coexistir. Mas, nelas, essa característica fundamental do homem fica reduzida a uma relação sujeito-objeto, apesar das chamadas empatia, interpretação e experiência. Também o aconselhamento, sem a característica fundamental do coexistir, não seria viável, nem nas técnicas de manipulação e diretrizes baseadas na relação sujeito-objeto.

Voltemos novamente às palavras para procurar seu significado próprio e para entender seu sentido, antes de usá-las de maneira automática e rotineira. A palavra "aconselhar" aparece no dicionário como: dar conselho, persuadir, induzir algo. Sua origem está no latim *consulo*, que quer dizer: examinar, deliberar, olhar por. Da mesma origem, é *consilium*, que significa: conselho, julgamento. No grego antigo, aconselhar é *synvoulevo,* que é a junção de *syn* (junto) e *voulevo* (considerar, determinar). *voulevo* forma-se do verbo *vouli* (resolução, resolver algo). Observemos que tanto no latim como no grego antigo há o prefixo "junto", respectivamente *con* (*cum*) e *syn*. Encontramos também no dicionário alguns outros sentidos para a palavra "orientar": determinar a posição de um lugar em relação aos pontos cardeais; encaminhar. Esse verbo vem do latim *orior,* que quer dizer: elevar-se, surgir, nascer e cujo substantivo *origo* significa: fonte de origem, nascimento. Da mesma raiz, forma-se "oriente", que significa a parte onde nasce o sol.

Podemos ver assim, primeiramente, que o significado fundamental de "junto" é tão indispensável no aconselhamento, como na orientação é indispensável a "origem de onde algo surge, se torna visível" é indispensável na orientação. Além disso, inicialmente, "aconselhamento" também quer dizer considerar algo, clarear e resolver algo com o outro, e "orientação" significa deixar algo nascer, se mostrar, para seguir seu caminho, e não executar planejamentos. Pois o "junto" não é primordialmente a relação sujeito-objeto para determinar e avaliar a realidade, mas o coexistir fundamental de ser no mundo.

Nos encontros para aconselhamento e orientação, tentamos, juntos, clarear a totalidade dos significados e deixar compreensível como o outro se relaciona com tudo que encontra, como se comunica com o próximo, como está afinado (disposto) em relação a tudo que vivencia; enfim, procuramos, juntos, tornar clara a maneira como ele vive e compreende o sentido de tudo que encontra. Em outras palavras, a maneira como ele vive com os outros e compreende esse viver. Não cabe aqui procedimento diretivo ou não diretivo, nem programação orientadora, nem avaliação de dados fornecidos, mas a tentativa humilde de, juntos, compreendermos os significados de como vivemos e clearamos a maneira pela qual nos relacionamos e atuamos.

Apresentamos agora três exemplos para mostrar, de maneira prática, como podemos entender o aconselhamento e a orientação a partir da Daseinsanalyse.

1. Procurou-nos um pai que estava desesperado com a conduta de seu filho mais velho. Ele se queixava de que o filho andava em más companhias, estava completamente desinteressado nos estudos, tinha vícios e adorava sua moto, quase não ficando em casa. Recentemente, contava o pai, o rapaz tinha sofrido um acidente com sua moto, mas continuava a adorá-la. As dúvidas desse pai se referiam a como agir de modo geral. Perguntava se deveria punir o filho, tirando-lhe a moto, brigar com ele, forçá-lo a tomar uma atitude ou deixar que ele continuasse com a moto, mas exigindo uma mudança no seu comportamento.

Nos nossos encontros, ficou claro como, antes de qualquer atitude, seria importante tentar compreender o mundo do filho, e não ficar preso a critérios de certo e errado. Assim, proibir ou permitir que o filho continuasse com a moto não resolveria nada. Quando tentamos nos aproximar do mundo do filho, ficou esclarecido que, para ele, a moto era algo essencial, que o fazia sentir-se importante e poderoso, e que, com ela, tentava abafar a personalidade do pai, de fato preponderante e dominadora. A partir disso, o pai compreendeu que não deveria entrar num relacionamento com o filho que o levasse a desafiar a autoridade paterna. Ficou claro também, para o pai, como ele se sentia irritado com todos os jovens que profissionalmente estavam em contato com ele e, de modo análogo, com o próprio filho, cada vez que sua onipotência era questionada. Assim ele compreendeu que, se a sua afinação (disposição) básica continuasse a ser onipotência, o conflito continuaria. Felizmente, o relacionamento entre os dois melhorou muito na hora em que o pai começou seriamente a tentar compreender o mundo do filho.

A afinação ou disposição básica, como nos mostrou Martin Heidegger, é uma das características fundamentais do existir humano. Quando convivemos com o outro, sempre nos relacionamos de uma maneira específica, amigável, dominadora, agressiva, afetuosa, provocante ou outra qualquer. Essas maneiras diferentes da afinação ou disposição básica e própria dão o colorido à maneira como me relaciono com o outro.

2. O que agora narraremos não é muito costumeiro em nossa prática. Atendemos um casal na mesma sessão, por insistência dos dois. Eles enfatizaram, desde o início de nosso contato, que eram pessoas cultas e que poderiam, na presença um do outro, expor livremente seus problemas e fornecer dados e fatos para que eles fossem avaliados e julgados psicologicamente.

A mulher se dedica às letras e às artes, é sentimental, crê em Deus e está fazendo um curso de pedagogia. Não aceita nenhuma aproximação sexual do marido enquanto ele continuar a criticá-la e a brigar com ela, discordando dela a respeito de tudo. O homem é cientista pragmático, ateu, racional, acha que tudo tem que ser planejado. Na sua opinião, a tensão entre ambos poderia diminuir com as relações sexuais e, assim, eles poderiam viver novamente bem. Atualmente ele não se conforma com nada que ela pense ou faça.

Esses, em resumo, foram os dados fornecidos por eles, com a expectativa que déssemos alguns conselhos diretivos, como por exemplo: férias, viagens ou reaproximação sexual para consertar o relacionamento defeituoso deles.

Inicialmente, tentamos mostrar que, apesar da importância do relacionamento sexual, ele não é a única maneira de relacionamento humano. Chamamos atenção, neste sentido, para o que tinha sido exposto por eles, ou seja, que antigamente os dois viviam bem e se entendiam, apesar das diferenças de caráter. O que tinha mudado era o modo como basicamente se relacionavam.

Ele mesmo nos esclareceu, neste momento, que tinha ficado frustrado e decepcionado porque havia perdido o emprego. Ficava então em casa e não aceitava as atividades da mulher. Sem emprego, sem atividades, sem planos, tinha o futuro fechado; ao contrário do dela, pois ela estava em plena atividade e com vários planos. Frustrado e decepcionado, ele era agressivo e cínico com tudo a que se referia e com quem se relacionava, inclusive conosco. No momento, as coisas para ele tinham o sentido da frustração e ele se referia a tudo criticamente, com cinismo e agressão. Dessa maneira, ele também se referia às próprias agressões. Na tentativa de orientá-los, procuramos deixar claro que era mais importante compreenderem a afinação básica de como viviam atualmente do que ficarem presos a termos objetivados, genéricos e uniformes como os que tinham sido usados por eles quando se definiram como pessoas do tipo racional e sentimental. Tentamos também mostrar como seria importante para ele abrir o próprio futuro, entrando novamente em atividade.

3. Na orientação de um grupo de mães que enfrentam dificuldades com os filhos e outros problemas familiares, sempre tentamos ver, juntos, a origem dos problemas, não como a causa que determina efeitos, mas, simplesmente, como eles surgem. Ao mesmo tempo, procuramos esclarecer os significados das palavras que falamos, não para fins acadêmicos, mas para que entendamos melhor o que de fato queremos dizer com elas. Esclarecemos também a maneira como as mães se relacionam

entre si no grupo, evitando, de nossa parte, a interferência do dirigente e a frieza do observador.

Num de nossos encontros, abordamos a pergunta que tinha sido colocada: "Devemos ou não castigar nossos filhos?". Começamos a discussão no grupo, tentando ver para que serve e o que significa o castigo. Foi esclarecido que a palavra castigo significa, em princípio, conduzir alguém para algo correto e perfeito. Durante a discussão, da qual todas participavam, sem a nossa interferência interpretativa, as mães chegaram a que a finalidade do castigo seria "temer o errado", "compensar o errado", como foi dito. Uma das mães comentou: "Temos que prestar atenção para não descarregar o nosso próprio mau humor castigando os filhos". Uma outra disse: "Não estamos aqui para aprender regras e palpites, mas cada uma de nós tem que achar o caminho melhor para dialogar com os próprios filhos". Durante a discussão, se tornava claro para o grupo que cada uma das participantes, de maneira própria, tinha que achar a linguagem dos filhos para que eles pudessem compreender os próprios erros. E isso podia acontecer de várias maneiras, entre as quais o diálogo, apelos, sinceridade, severidade e respeito mútuo. Antes de castigar, seria importante compreender, em cada circunstância, o que significa o errar do filho – por exemplo, as mentiras.

Na continuação da discussão, tendo as participantes citado vários exemplos a respeito das mentiras dos filhos, chegou-se à conclusão de que, quando os filhos mentem, podem estar querendo esconder algo para não criar confusão para os pais, podem estar com medo e tentam evitar a raiva dos outros, podem estar provocando, testando e verificando os pais para saberem até que ponto são amados, e também que mentir pode ser uma atitude de agressividade e vingança para ver o outro sofrer de raiva e decepção.

Nessa discussão sobre a mentira, ficou clara a fluidez da problemática abordada e que esta não pode ficar congelada em noções e definições rígidas, dependendo mais da maneira como os pais e filhos se relacionam e convivem. De maneira análoga, procedemos em outras sessões com a problemática de roubo, agressão, dependência e outras, permanecendo nas vivências e procurando clarear a maneira como as mães se relacionam, ou seja, como sentem, pensam e atuam, evitando os sistemas deterministas, diretivos ou não, cujos dados se tornam meros conceitos genéricos, abstratos, gerais e uniformes.

Quanto à orientação vocacional, ela é comumente definida como o procedimento para determinar e indicar aptidões, tendências e escolha de atividades profissionais. O procedimento determinista se baseia no fornecimento de dados obtidos por testes de Q.I. e de personalidade, testes específicos de aptidão e completados pelos requisitos de determinada profissão. A avaliação desses dados e o fornecimento do parecer encerram o procedimento. Assim se fala de perfil de profissão e análise profissiográfica.

Em resumo, nos sistemas determinados, a orientação vocacional trata da coleta, elaboração e avaliação de dados objetivados – como não podia deixar de ser. Assim ela também fica reduzida à manipulação do homem-objeto. Essa maneira objetiva e uniforme de orientação é cada vez mais requisitada em nossa época tecnológica.

Mas o que significa "vocação"? "Vocação" quer dizer: ato de chamar, tendência, escolha. Essa palavra se origina do latim *voco*, que significa "chamo". Por outro lado, "escolha" também vem do latim *excolligere*, que quer dizer tirar da coleção, e "opção", de *optare*, que quer dizer escolher, desejar por reflexão, liberdade de escolher. Como vimos, vocação significa ato de chamar. E quando chamamos ou estamos sendo chamados, temos que estar abertos para poder ouvir e escutar o que nos apela. Chamar e escutar baseiam-se primordialmente no coexistir humano. A maneira de escolher e a liberdade de optar têm que ser clareadas no viver com os outros, nos relacionamentos significativos, na compreensão do sentido. A procura e a avaliação de dados através de baterias (sistemas) de testes e perfis informativos são procedimentos secundários, gerais, formalizados, que sacrificam a personalidade da pessoa.

É importante que fique bem esclarecido, primeiramente, o que é o "chamado" e que sentido faz para que o homem seja capacitado a assumir algo que desdobra as suas próprias possibilidades e seus próprios interesses, que estimula a criatividade e que proporciona a realização de algo autêntico. Vemos que quem se distancia do próprio chamado fica à mercê da massificação, de modismos e status que podem disfarçar o apelo da escolha própria e tornar a vida um automatismo tedioso, porém eficiente.

No sentido prático, mais importante do que as baterias de testes e a análise profissiográfica são as convivências e os contatos pessoais com os respectivos profissionais. Isso é que poderá levar a pessoa a clarear e sentir como se relaciona e atua o profissional, a trocar vivências e referências para que chegue ao caminho da liberdade, optando para o que apela, isto é, para aquilo que possa ser realizado de modo autêntico.

Tentamos, assim, apresentar um esboço do aconselhamento e da orientação, baseados na Daseinsanalyse e partindo de nossa prática. Nosso ensejo é mostrar que a Daseinsanalyse é um método, um caminho, primeiramente, de compreensão e participação e, nesse sentido, livre de explicações ou formulações teóricas. A Daseinsanalyse não é uma elaboração intelectual ou um idealismo romântico, pois parte dos fenômenos que reencontramos todos os dias em nossa vida cotidiana. A Daseinsanalyse procura sempre compreender esses fenômenos de maneira simples, clara e sem distorções que sacrificam a autenticidade para satisfazer à qualquer custo a construção de uma teoria. Aproximarmos de tudo que se nos apresenta para compreendê-lo e captar o seu sentido fundamental é o caminho para o qual Martin Heidegger, na sua *Ontologia fundamental,* nos convida a seguir.

REFERÊNCIAS BIBLIOGRÁFICAS

BOSS, M. *Angústia, culpa e libertação*. São Paulo: Duas Cidades, 1975.

BOSS, M. *Grundriss der Medizin und der Psychologie*. Bavária: Hans Huber Verlag, 1975.

BOSS, M. "Encontro com Boss". *Daseinsanalyse n. 1*, A.B.A.T.E.D., 1976.

BUARQUE DE HOLANDA FERREIRA, A. *Novo Dicionário Aurélio*. Rio de Janeiro: Nova Fronteira, 1975.

FREUD, S. *Das Unbewusste*, v. 2, Madri: Editorial Biblioteca Nueva, 1948. (*Gesamte Werke* – Obras Completas)

GOMES FERREIRA, A. *Dicionário de Latim Português*. Porto: Porto Editora, 1988.

HEIDEGGER, M. *Being and Time*. 3. ed. Oxford: Basil Blackwell, 1973.

HEIDEGGER, M. *The Question Concerning Technology and Other Essays*. New York: Harper Colophon Books, Harper & Row, 1977.

HEIDEGGER, M. *Sein und Zeit* (1927). 12. ed. Tübingen: Max Niemeyer Verlag, 1972.

CONHECER O OUTRO
NA ENTREVISTA[3]

Nas entrevistas dos encontros terapêuticos, das triagens, das anamneses, dos históricos de casos sistematizados de modo geral, o que se busca basicamente é conhecer a outra pessoa. Nessas situações diversas, pretende-se geralmente colher dados pessoais, familiares, socioeconômicos e culturais. É a partir dessas informações que são conhecidos vários fatos referentes à vida e problemática da pessoa entrevistada. A triagem é normalmente o primeiro passo para encaminhar o interessado aos vários serviços disponíveis. A anamnese serve para a formação do diagnóstico, e outras entrevistas servem para decidir a respeito da indicação de aconselhamento, orientação ou terapia. Apesar de diferentes, essas atividades sempre se dirigem ao histórico da pessoa pelo registro dos seus antecedentes, que chamamos de passado.

O registro de antecedentes se realiza de preferência através do preenchimento de formulários já preparados. As questões preparadas, contidas nos formulários, estão de antemão planejadas no conteúdo e na sequência. Assim, encontramos essas questões nessa ordem: antecedentes familiares, informações sobre a infância e sobre a adolescência, informações socioeconômicas, estrutura familiar, nível cultural, doenças, traumas psíquicos etc. Nas entrevistas de caráter verbal, segue-se o mesmo esquema e planejamento, apesar de a ordem das questões ser mais flexível. Mas, mesmo assim, nos dois tipos de procedimento, o fundamental é a importância decisiva dada ao registro dos antecedentes sob a primazia do passado.

A coleta de dados e informações, hoje em dia elaborada e computada com maior ciência, tem a finalidade de verificar e explicar as causas que determinam os efeitos correspondentes. Assim, da mesma maneira que

---

3 Cf. nota 2.

se encontra no vírus da paralisia infantil a causa da atrofia dos músculos atacados e, por consequência, da paralisia e da dificuldade de locomoção dos membros afetados, procuram-se através da elaboração dos dados coletados, as causas que determinam, por exemplo, os sintomas neuróticos, o desvio de conduta, os vícios.

Baseando-se nos princípios de causalidade e determinismo, é indispensável tal procedimento exposto. Mas será que conhecer outro, o entrevistado, se limita à coleta dados e informações dos antecedentes de sua vida e ambiente? Será que conhecer o outro quer dizer formar uma opinião, um parecer, sobre ele através de coleta e elaboração de dados e informações? Será que o fundamental é somente a importância decisiva do passado? Será que conhecer é somente a elaboração de informações de um indivíduo objetivado e a aquisição de dados no decorrer do tempo?

"Conhecer" é derivado do latim *cognoscere* que, por sua vez, é formado por *cum – gnosco-nosco*, que significa começar a aprender (pelos sentidos), tomar conhecimento, examinar, considerar. *Cum* (com) significa junto aos outros. Conhecer é algo mais fundamental do que coletar e elaborar dados e informações. Para conhecer o outro, sendo este o entrevistado, precisamos nos aproximar dele, não no sentido espacial, mas no da familiaridade. Aproximar quer dizer tentar compreender o outro na maneira como ele vive, reage, atua, pensa e sente. Quando uma pessoa procura ser entrevistada, o faz para algo, seja para ser diagnosticada, seja para ser encaminhada ou orientada. Esse "para algo", que também pode ser começar a terapia, tem o caráter de futuro. Se a pessoa interessada não tiver uma expectativa de algo baseado no futuro, nunca poderá procurar uma entrevista. O entrevistado é motivado pela expectativa da consulta, ocasião em que evoca acontecimentos do passado para mostrar como se sente, pensa e atua no presente. Se deixamos a pessoa à vontade, fazendo perguntas simples e essenciais, ela mesma evoca o passado conforme este se apresenta. Evocar o passado é algo vivencial, e não mero registro dos antecedentes.

O histórico ou a anamnese do entrevistado não depende somente de dados do passado, mas é um procedimento em que futuro, passado e presente se fundem. O futuro, desde que nascemos até o dia de nossa morte, sempre nos motiva, nos apela para participar de nosso histórico.

Essa maneira de se libertar do passado como algo exclusivamente determinista e entender o tempo não somente como uma sequência de "agoras", como registro de antecedentes, constatação do presente e previsão conclusiva do futuro, mas de uma maneira em que o futuro, passado e presente apelam juntos, foi o que Martin Heidegger nos ensinou e Medard Boss aprofundou na Daseinsanalyse.

Essa maneira de compreender o existir humano nos possibilita uma aproximação com o outro mais ampla e libertadora. No momento em que o registro dos antecedentes e a primazia do passado determinista são superados, abrimos também a possibilidade de atendimento de pessoas cronologicamente idosas. Oportunamente, vamos expor o acompanhamento de uma pessoa de 68 anos, a quem, fora de um atendimento medicamentoso e algumas sessões paliativas de apoio, foi negado o atendimento psicoterapêutico psicanalítico em razão de sua idade cronológica.

Conforme a visão do tempo linear e determinista, o passado dessa pessoa, no acumulo dos acontecimentos ocorridos, já tinha congelado todas as possibilidades de ela enfrentar seus problemas de maneira corajosa e de assumir uma vida mais ativa, criativa e feliz. Ficamos surpreendidos quando, na hora em que se livrou do peso do passado e respondeu ao apelo e motivação do futuro, se livrou da depressão e se tornou uma pessoa realizada e feliz.

Conhecer o entrevistado não se limita à coleta de dados informativos, de forma objetiva, a respeito dos antecedentes, nem a constatações do presente. Se queremos nos aproximar para compreender e conhecer o entrevistado temos que partir de perguntas simples e claras, pois somente assim podemos entender como ele pensa, age, sente, fala, gesticula, reage às situações e se relaciona com as outras pessoas de âmbito familiar ou social. Evitamos perguntas padronizadas e esquematizadas. Preferimos perguntar e solicitar a respeito de, por exemplo, frustrações, decepções, abalos vividos pelo entrevistado, em vez de perguntar: "Quais os traumas psíquicos que ocorrem em sua vida?" É muito importante ficarmos sempre atentos aos detalhes simples e evidentes, que esquecemos facilmente quando presos a descobrir causas e suposições complicadas. Antes de, por exemplo, pensarmos em disritmia cerebral diante de queixas de dor de cabeça, falta de atenção, falta de concentração e lembrança das coisas, é aconselhável pensarmos, em primeiro lugar, numa simples deficiência de vista, anemia decorrente de verminose ou de falta de alimentação adequada.

Além disso, é também importante sempre tentarmos esclarecer o sentido do que nos fala e apresenta o entrevistado. Por exemplo, quando alguém nos diz: "Eu procurei o senhor porque sou muito nervoso". A palavra "nervoso" nos diz tudo e nada. Nervoso pode ser o entrevistado que sente, por exemplo, medo, vergonha, raiva, tensão, ansiedade, decepção ou alegria. Em cada caso, o sentido de nervosismo precisa ser esclarecido.

Atendendo à expectativa do entrevistado para conhecê-lo, devemos fazer perguntas simples e claras que o deixem à vontade para que a sua problemática se mostre num evocar de ocorrências do passado, de forma pessoal. Não podemos, no entanto, negligenciar como lhe apela o futuro para que se apresentem as dificuldades, dúvidas e problemas que ele encontra. Sem o apelo do futuro, não seria possível aproximar e conhecer o outro.

REFERÊNCIAS BIBLIOGRÁFICAS

BUARQUE DE HOLANDA FERREIRA, A. *Novo Dicionário Aurélio*. Rio de Janeiro: Nova Fronteira, 1975.
HEIDEGGER, M. *Being and Time*. 3. ed. Oxford: Basil Blackwell, 1973.
HEIDEGGER, M. *Sein und Zeit* (1927). 12. ed. Tübingen: Max Niemeyer Verlag, 1972.

APRESENTAÇÃO DA EDIÇÃO BRASILEIRA DO LIVRO *NA NOITE PASSADA EU SONHEI*[4]

A ideia de traduzir o livro do Prof. Dr. Medard Boss, *Es Träumte mir vergangene Nacht*, e a sua posterior efetivação foi decorrência de um seminário que ocorreu em São Paulo, sob sua direção, no setor de pós-graduação da Pontifícia Universidade Católica de São Paulo, tendo como tema "A compreensão Daseinsanalítica dos Sonhos".

Esse seminário, que despertou grande interesse, serviu de estímulo não somente para uma nova maneira de compreender os sonhos, mas também para a daseinsanalyse de modo geral. Assim sendo, não surpreendeu que, logo após a partida do prof. Boss, os ensinamentos por ele trazidos no que diz respeito a uma maior e mais plena compreensão do homem tivessem acolhida. Foi precisamente para que esses ensinamentos pudessem alcançar o maior número de interessados, tivessem eles ou não já algum contato com as ideias do prof. Medard Boss, que esta obra sobre os sonhos teve a sua tradução realizada.

Na noite passada eu sonhei é o seu segundo livro sobre os sonhos. O primeiro foi publicado em 1953, sob o título *Der Traum und seine Auslegung* [O Desvelamento dos Sonhos] e ainda não se encontra traduzido para o português. Apesar do interesse que essa primeira obra possa ter, ela não é requisito indispensável para o desenvolvimento dos temas aqui abordados, pois quando estamos verdadeiramente empenhados na busca de compreensão de algo, não importa por onde iniciamos, desde que

---

4 BOSS, Medard. *Na noite passada eu sonhei.* São Paulo: Summus Editorial, 1979.

sempre tenhamos diante de nós aquilo que procuramos. O presente livro abre essa oportunidade para quem quiser aprofundar-se no fenômeno do sonhar. *Na noite passada eu sonhei* aborda aspectos tanto teóricos quanto práticos. No seu aspecto mais teórico, a tentativa de Medard Boss é esclarecer como nos afastamos da compreensão dos sonhos quando, à semelhança das alucinações e delírios, dizemos que eles não correspondem à realidade. Neste sentido, eles já aparecem como algo secundário, máscara do real ou, simplesmente, menos verdadeiros. Esses significados também se mostram nas expressões de uso cotidiano tais como "ele é apenas um sonhador, longe da realidade".

Mas o que quer dizer *realidade*?

Martin Heidegger retoma essa questão, voltando ao mundo grego numa tentativa de recuperar seu sentido primordial. Realidade era chamada de *Thesis*, que queria dizer: pôr algo em evidência, torná-lo presente, e também de *Fisis* (natureza), que queria dizer: criar algo, deixar algo crescer e torná-lo presente. Com o decorrer do tempo, sob a influência e o domínio crescentes do raciocínio científico-matemático-tecnológico, o real se estreita para se tornar apenas objeto coisificado. Desta forma, realidade é o que pode ser provado e certificado através de um raciocínio lógico, no confronto entre os objetos representados e a representação que se dá no interior de um sujeito pensante. Nessa objetivação, ficam também enredados os conteúdos dos sonhos, que são então tomados como meros objetos de pesquisa e decifração. É dessa forma também que na expressão "tive um sonho" o verbo *ter* está mais ligado à noção de posse de um objeto, como nas expressões "tenho um carro" ou "tenho uma casa", do que a um modo de relacionamento, como nas expressões "tenho frio" ou "tenho fome". Assim, por mais perfeitas que sejam, todas as teorias de interpretação e explicação dos sonhos, uma vez que estão assentadas sobre essa concepção de realidade, não escapam do perigo de distorcê-los e de se afastarem de sua compreensão. Os sonhos continuam sendo tomados como fenômenos secundários, encobrindo uma realidade que nunca se mostra e cujo acesso somente se dá pela decifração e decodificação.

Superando a restrita noção de realidade, Martin Heidegger retoma o seu sentido primordial, introduzindo o significado de ser-no-mundo na sua ontologia fenomenológica. Medard Boss, baseado nesta fenomenologia hermenêutica, aprofunda-se na problemática dos sonhos. O existir-humano – *Dasein* –, tanto no estado de vigília como no estado de sonhar, é uma clareira que possibilita perceber, compreender e entender a totalidade dos significados de tudo que se encontra no mundo. Sonhar e estar acordado são diferentes maneiras de existir de um mesmo ser humano e têm de fato várias características em comum, como afinação (disposição) básica, desdobramento de possibilidades ou poder-ser, liberdade de optar e assumir responsabilidades, entre outras. Medard Boss, após o estudo de inúmeros sonhos, mostra que não existe ruptura entre o modo de ser no sonhar e o modo de ser na vigília. Podemos, por exemplo, ver nos sonhos situações de medo, de soluções científicas, de mentiras e de vivências referentes ao divino, que sempre correspondem à mesma problemática do estado de vigília. Entretanto Medard Boss também esclarece algumas diferenças básicas e importantes entre o modo de existir onírico e o da vigília. No sonhar, presenciamos, em geral, apenas o imediato em forma sensorialmente perceptível. Apesar da predominância no mundo onírico do sensorialmente perceptível como modo de presença dos significados e dos contextos referenciais que o constituem, é somente no estado de vigília que podemos refletir e compreender os sonhos de maneira mais própria e ampla. Há, portanto, diferenças básicas no modo como o *Dasein* no estado onírico e na vigília temporaliza, especializa, percebe, compreende e entende tudo o que encontra na sua abertura existencial.

Tudo isso é mostrado por Medard Boss não somente no seu aspecto mais teórico, mas principalmente através do relato de grande número de sonhos, cuja finalidade é familiarizar o leitor com a sua maneira de compreendê-los e apontar em que medida esta compreensão pode trazer benefícios terapêuticos. Os exemplos práticos, com seus correspondentes esclarecimentos, possibilitam justamente que ocorra a *repetição*, a qual é essencial para o aprofundamento de qualquer questão. Como nos diz Boss: "Qualquer exercício precisa se basear na repetição". No entanto não devemos tomar repetição como costumeiramente a encaramos, isto é, um processo automático relativo a um mesmo acontecimento ou ato. O exercício de repetição de que Boss nos fala não é a repetição automática de uma tabuada que precisa ser decorada. Repetição aqui é compreendida na amplitude Heideggeriana, em que repetir recobra seu sentido primordial. "Re-petir" é fundamentalmente pedir de volta, dirigir-se de novo para buscar outra vez, voltar a procurar. Este é o sentido do exercício de repetição propostos por Boss. A cada exemplo, a cada esclarecimento, existe a solicitação para trazermos diante de nós, outra vez, a temática do mundo onírico e, junto a esta, a reflexão, de modo geral, da condição humana, sonhando ou em vigília. É, portanto, claro que os esclarecimentos de Medard Boss a respeito dos sonhos e suas eventuais decorrências psicoterapêuticas devem, a todo momento, ser vistos como *possibilidades de repetição* e nunca como *modelos de imitação*, por mais tentador que seja. Boss adverte o leitor para "não adotar as medidas aqui expostas como novas armas no seu arsenal terapêutico". Quando os modelos são o que norteia a nossa conduta, não estamos buscando uma compreensão mais clara e ampla da questão, mas, pelo contrário, no congelamento imitativo e esquematizado dos modelos, dela nos afastamos cada vez mais, apesar da fluida segurança do consenso.

Não se trata, portanto, de aprender novas técnicas de utilização dos sonhos nas sessões psicoterapêuticas, justapondo-as às já existentes num complexo mosaico. Também não se trata de rejeitar os conhecimentos que precederam estas várias técnicas e as possibilitaram; pelo contrário, trata-se de superá-las através de uma maneira diferente de pensar, que ultrapassa os limites do determinismo, da interpretação causalista e do subjetivismo cartesiano. Essa maneira de compreender os fenômenos, que está necessariamente distante dos dogmas, não por negação, mas por sua superação, solicita a todo momento uma aproximação vivencial desses mesmos fenômenos por caminhos próprios e pessoais. É somente esse caminho pessoal que pode nos levar a uma compreensão adequada da possibilidade fundamental do *Dasein* de desvelar seu próprio ser, na descoberta do que vem a seu encontro num mundo que primordialmente coabita, e que de fato possibilita o entendimento da abertura que Medard Boss nos dá nessa reflexão sobre os sonhos.

A TODOS QUE PROCURAM O PRÓPRIO CAMINHO[5]

O que motivou a tradução para o português do capítulo "Ser-no-mundo como ser-com e ser-si-mesmo – o 'a gente'" foi o fato de que, no contexto da obra de Martin Heidegger, *Ser e tempo*, esta é uma parte que consideramos de suma importância.

Toda a obra *Ser e tempo*, apesar de incompleta, difere dos livros do gênero de antropologia filosófica. Heidegger é um pensador que convida o leitor a acompanhá-lo nos caminhos difíceis e sinuosos da reflexão que ele mesmo abre; convida a uma outra maneira de pensar. Heidegger não se preocupa em fornecer pensamentos elaborados, perfeitos, sofisticados, sensacionais para serem adquiridos ou não. Se alguém espera, na leitura de suas obras e, principalmente, em sua obra fundamental *Ser e tempo*, encontrar respostas satisfatórias, conclusões elaboradas com precisão e exatidão, se tem expectativas de aprender lições com conteúdo pronto de processos cognitivos e de valores estimados, é melhor desistir de tomar contato com elas.

Para aqueles que querem se aproximar dos caminhos que traçou esse pensador, a leitura de seus textos não é fácil à primeira vista. Contudo, se estiverem mesmo interessados e forem capazes de "dar o pulo necessário", segundo palavras do próprio Heidegger, para superar o modo de pensar representativo, pragmático e tecnológico, para esses, achamos importante contribuir com a tradução desta parte.

....

---

5 Apresentação do livro de Critelli, D.M.; Spanoudis, S. *Todos nós... ninguém*. São Paulo: Editora Moraes, 1981.

Ser e tempo é o questionamento de M. Heidegger referente ao significado da usada e abusada palavra "ser" ou "sendo"; nessa obra, ele nos encaminha para sua própria ontologia fundamental.

Porém o que quer dizer geralmente "ontologia"? Para o pensamento ocidental, "ontologia" é o estudo do "ser enquanto ser", em que a tendência, desde que foi introduzida a palavra filosofia por Platão e Aristóteles, é a procura de conceitos, categorias universais, persistentes, eternas, chamadas "essências" (as ideias de Platão, por exemplo). A ontologia, no pensamento ocidental, geralmente procura conceitos que transcendem a temporalidade e que se põem como os fundamentos básicos, como os princípios fundamentais referentes à causa prima, à fórmula que determina tudo o que foi criado e é encontrado no mundo.

A ontologia fundamental de Heidegger procura as origens genuínas que possibilitam a tudo se manifestar e se presentar. Não procura conceitos ou essências primas e concretamente definidas, que seriam as causas supremas de tudo, e das quais o que quer que seja percebido e conceituado se deriva. Para Heidegger, tais essências fundamentais não constituem o ontológico, pois isto é aquilo que possibilita as várias maneiras de algo se tornar manifesto, presente, criado, produzido, atuado, sentido etc.

Em sua ontologia fundamental, Martin Heidegger procura superar os impasses a que chegou o pensamento ocidental, ao preocupar-se com o questionamento do ser, perguntando: "O que é o absolutamente ente?".

O cotidiano, e não os conceitos, é de onde Heidegger parte para aproximar os problemas fundamentais. Neste "aproximar problemas fundamentais", Heidegger se utiliza de ôntico e ontológico, existenciário e existencial, expressões que precisam de algum esclarecimento, a fim de não ficarem monopolizadas pelas esferas acadêmicas.

Para Heidegger, ser significa a maneira como algo se torna presente, manifesto, entendido, percebido, compreendido e finalmente conhecido para o ser humano, para o "ser-aí" ou *Dasein*. As características fundamentais que possibilitam as várias maneiras de algo se tornar manifesto, realizado, são aquilo a que chama de "ontológico". As características ontológicas do ser humano (ser-aí, *Dasein*) são também chamadas "existenciárias", ou seja, características ontológicas da existência.

A palavra existência não tem ligação com o conceito habitual e clássico, que quer significar "realidade" como contraposição ao conceito "essência". Existência vem do verbo *ek-sistere*; *ek-sistência* é algo que emerge, se manifesta, se desvela.

Tudo o que é percebido, entendido, conhecido de imediato é ôntico. Assim como podemos chamar existencial ao ontológico, podemos chamar existenciário ao ôntico.

Ôntico, ontológico, existencial e existenciário não são noções abstratas, cujo caráter é o da sofisticação. Estranham-nas os leitores que não têm um embasamento filosófico, e com razão, uma vez que a filosofia se afastou do cotidiano, do âmbito do vivido, isolando-se e exilando-se no campo exclusivamente intelectual e elitista, cuja preocupação era a aquisição de conceitos de validez universal, imutáveis e eternos. Nietzsche, em *Assim falava Zaratustra*, comenta que toda essa tendência da filosofia ocidental de procurar *verdades e princípios* de âmbito universal e eterno é a "vingança do homem contra o tempo". Ideias, conceitos, modelos, valores absolutos, tentam passar por cima da mortalidade humana, procurando refúgio no persistente, inalterável, desafiando o tempo e apelando para a eternidade. Em sua ontologia fundamental, M. Heidegger abre novos caminhos, esclarecendo e tornando transparente (em sua própria expressão) como é a vingança do homem contra o tempo.

Heidegger parte da vida cotidiana para mostrar os fenômenos ônticos e seus aspectos ontológicos. A partir da cotidianidade e do óbvio, tentaremos apresentar alguns exemplos a fim de afastar o revestimento acadêmico e confuso do que quer dizer ontológico-existencial e, respectivamente, ôntico-existenciário, na ontologia fundamental heideggeriana.

Uma das características fundamentais do ser humano é a perspectiva "futural", que podemos compreender, por exemplo, através das perspectivas a respeito das mudanças de tempo. O lavrador depende de previsões do tempo para plantar e fazer suas colheitas; programas de férias, de como passar os feriados, dependem do tempo que enfrentaremos; ao sairmos de casa para o trabalho, dependemos de como esperamos que o tempo se estabeleça para nos vestirmos apropriadamente e saber se levamos ou não conosco capa e guarda-chuva. Ventania, frio, chuva, calor são fenômenos que interferem em nossos programas, no que pretendemos fazer, realizar. Sempre tentamos prever o tempo. A possibilidade de prever, em sua forma verbal, de ação, possibilita as várias maneiras de se prever o tempo. O prever, neste exemplo, é o "ontológico", aquilo que possibilita as diversas maneiras de se prever o tempo; é uma característica primordial, fundamental do ser humano, uma existenciária entre outras, e que não se confunde com o que cartesiana e positivamente compreendemos por "causa".

Como podemos prever o tempo?

• Através de instrumentos adequados que medem a pressão atmosférica, a temperatura, as frentes frias etc.; em suma, através dos boletins meteorológicos.
• Através de observações sistemáticas, empíricas, que possibilitam as previsões. Para o lavrador, por exemplo, nuvens em certas posições no céu funcionam como sinais de chuva e mudança do tempo.
• Através de rituais, dos videntes, dos sacerdotes em povos primitivos.
• Através de pessoas que, pela sensibilidade do corpo – como pressão na cabeça ou articulações – podem prever tempestades ou queda de temperatura.

Todos esses exemplos concretos, imediatamente entendíveis, palpáveis, evidentes, correspondem ao ôntico ou existenciário. Mas perguntamos: em todos esses quatro exemplos, o fator que se apresenta como comum não é a previsão do tempo? Esse procedimento de deduzir um fenômeno de uma noção, de um conceito universal e abstrato – a previsão é, sem dúvida, o modo clássico de caminhar através das regras da lógica, das quais precisamos para construir as teorias e os sistemas. Dentro de teorias e sistemas, a noção genérica e abstrata "previsão", na forma substantivada, precisa definições exatas e avaliadas. Mas o prever, a noção ontológica de Heidegger, segue outros caminhos onde se abrem inúmeras possibilidades além das quatro mencionadas, no sentido ôntico; possibilidades inesgotáveis dentro da criatividade riquíssima do ser humano. É importante notar, contudo, que esse ontológico, que é a origem que possibilita as inúmeras maneiras de algo ser concretizado, realizado é, ao mesmo tempo, a origem da importantíssima possibilidade do não. Na ontologia fundamental de Heidegger, o "não" nada tem a ver com o aniquilamento, o vazio, o niilismo. Ao contrário, o "não" é indispensável ao viver humano.

Elucidemos essa questão com outro exemplo simples.

Pescar é um agir do ser humano. Pescar é o ontológico, que possibilita as várias maneiras de se pescar. Podemos pescar com anzol, com rede, com equipamento submarino, entre outros. Porém o que nos motiva a pescar, o que "dá fôlego" ao partir para pescar é a possibilidade que sempre nos acompanha de "não pescar nada". Se, por antecedência, estivéssemos certos e garantidos dos resultados positivos, provavelmente não haveria a nossa expectativa, o desafio de pescar. O pescar (o ontológico), a possibilidade de pescar com rede, anzol ou equipamento submarinho (os fenômenos ônticos, existenciários), não são só a possibilidade do sim, mas a possibilidade do não.

Outra característica ontológico-existencial, fundamental, genuína do ser humano é o "espacializar". O que é e como é o espacializar do ser humano, do ser-aí? Anterior ao espaço que conhecemos como a mensuração das distâncias, o ser humano experiência um primordial espacializar-se, que é o sentir-se próximo ou afastado de algo ou alguém. Posso sentir-me muito próximo a alguém quando penso nele, e muito afastado de uma pessoa ou de um objeto que podem estar a meu lado. Sonhando, posso estar próximo de alguém ou algo, e esta é, por exemplo, uma outra maneira ôntica de espacializar. Através do corpo, dos meus gestos, posso me aproximar ou me afastar dos outros, posso achar ou não meu lugar no meu ambiente. Refletindo ou rezando, posso ficar ou não próximo ao divino. Todas essas maneiras ônticas têm sua origem no ontológico "espacializar", característica primordial do ser humano. Não de menor importância são os fenômenos ônticos do espaço objetivado, indispensáveis às teorias científicas e tecnológicas, como o espaço tridimensional, as localizações topográficas, as distâncias mensuráveis e calculáveis, os meridianos, as coordenadas cartesianas na matemática. Todas essas maneiras objetivadas do espaço, entre outras, têm suas origens na característica fundamental do ser humano do "espacializar" ou do "se espacializando".

Na ontologia fundamental de Heidegger, essa característica fundamental é o que ele chama de ontológico, existencial, e é diferenciada dos vários modos ônticos, existenciários, nos quais se expressa.

Por estarmos acostumados com, e impregnados pelas teorias do conhecimento (teorias e sistemas de valores em suas tendências de noções abstratas de valor universal), pelos modelos exatos que servem como parâmetros nas pesquisas, pelos determinismos indispensáveis às ciências exatas, sentimos dificuldades e estranhamos, à primeira vista, diante da exposição da ontologia fundamental de M. Heidegger.

Esta ontologia fundamental é o caminhar que nos põe na busca de recuperar o esquecido, de enxergar novamente o simples que, em nossa época, através do embotamento provocado pelo universo tecnológico, se tornou uma das tarefas mais difíceis.

Ser e tempo é uma obra que se constrói na tentativa de compreender a "existência" do ser humano, do *Dasein*, ontologicamente. Nos capítulos II e III da primeira parte do livro, Heidegger introduz a expressão "ser-no-mundo" ou, ainda melhor, "sendo-no-mundo", que corresponde ao modo básico de o ser humano existir, expondo detalhadamente seu significado. "Sendo-no-mundo" diz respeito às várias maneiras que o existir humano – o *Dasein* – está possibilitado a viver. "Mundo", primordialmente, não é uma caixa noética que contém tudo o que existe, nem mesmo um espaço homogêneo onde se encontra tudo o que existe. Este ser "no" (ser "em") significa, originariamente, familiaridade, o sentir-me confiante, como nas expressões habituais "estou por dentro do negócio, do assunto..." etc. O mundo, no qual o ser humano existe, é anterior ao mundo espacial, topográfico, interior. "Ser-no-mundo" são as múltiplas maneiras que o homem vive e pode viver, os vários modos como ele se relaciona e atua com os entes que encontra e a ele se apresentam.

Há duas maneiras fundamentais de o homem relacionar-se com os entes (que não são humanos), segundo Heidegger, definindo-os. Podemos falar dos "entes presentes sem nenhum envolvimento significativo", o *Vorhanden* no alemão, ou o *Present at hand*, segundo a tradução inglesa. Refere-se ao "estoque", àquilo que, afastado do vivencial, torna-se objetivado: os objetos de estudo tal como tem que acontecer para o empirismo e para as ciências exatas. Há, porém, um outro modo de relacionamento com os entes, e que Heidegger considera primordial ao anterior, ou seja, o relacionamento com o "ente presente num envolvimento significante", o *Zu handen*, no alemão, ou o *Ready to hand*, no inglês. Neste modo de envolvimento, em princípio, atuamos mais do que teorizamos; assim como é, em geral, nossa vida cotidiana uma totalidade de referências e atribuições significativas, como escrever um texto, dançar, vestir-se, guiar automóvel, produzir artigos, artesanato etc. É importante esclarecer que essa maneira de relação com os entes em nossa cotidianidade é, na maioria das vezes, tão evidente que passa despercebida, e os significados são vividos sem percepção, isto é, não há significados, mas as coisas. Somente quando algo nos falha, falta ou quando se torna um obstáculo, é que seu significado pode tornar-se manifesto, saliente. Quando, por exemplo, o telefone falha durante nossa conversa, é que descobrimos sua importância; esta se sobressai, e reconhecemos o que o telefone significa em nossa vida. Na hora de um acidente, quando precisamos chamar um pronto-socorro e o telefone nos falta, aí é que vemos o que é o telefone e para que ele serve.

Embora faça referências a esses modos de relacionamento com os entes, o capítulo que apresentamos aqui traduzido remete ao relacionamento do "homem com os outros homens". No modo de se relacionar e viver "o homem com os outros homens", baseiam-se fundamentalmente todos os enfoques filosóficos e científicos que encontramos no decurso histórico, e que tratam de problemas educacionais, psicológicos, psicoterapêuticos e, especialmente, sociais. Nas denominações política social, psicologia social, antropologia social, o adjetivo social é que especifica essa referência.

Ao tematizar essa questão, Heidegger não se preocupa em formular e apresentar regras e leis mensuráveis dessas relações. Ele não nos oferece respostas avaliando sistemas deterministas e pluridimensionais; questiona apenas, procurando caminhos de aproximar o evidente, o simples, o fundamental que ficou esquecido, escondido e enterrado pelo turbilhão do raciocínio representativo e pelo raciocínio pragmático e tecnológico.

"Ser-com" ou "sendo-com" é um constitutivo fundamental do "ser-aí" do existir humano. "Com", que tem origem no latim *cum* e no grego *syn* (simbiose, sincronizar...), significa junto, algo ou alguém na presença do outro. Sem essa característica fundamental e genuína do ser humano, que Heidegger chama existenciária – maneiras características de se relacionar e de viver –, a vida humana não teria sentido para nós. Expressões como: "trabalhar com tecidos", "lidar com problemas educacionais", "brincar com bonecas", "falar comigo" em nenhuma língua poderiam existir sem a palavrinha que possibilita o relacionar, o atuar, o sentir, o pensar, o viver.

"Ser com os outros", "sendo com os outros", é a característica fundamental e genuína, mais especificamente, o como me relaciono, atuo, sinto, penso, vivo com os meus semelhantes – o ser humano. Heidegger especifica as palavras "com" e "também", no capítulo que traduzimos, independentemente da sua forma gramatical como proposições; especifica-as como aquilo que é existencial. (O termo existencial sempre deve ser tomado em sua acepção de verbo, como aquilo que possibilita as várias maneiras de atuar, participar e significar, algo fluido que tem característica temporal.) Quando a criança e o adulto falam "eu também", não necessariamente se reportam à imitação do outro, à identificação com o outro, mas, principalmente, ao "participar" com o outro. Em expressões tais como: "mas eu também fui castigado", "eu também fiz tal curso", "eu também fiz terapia", não há, primordialmente, o tomar alguém para exemplo, mas o expressar que eu também participei e experienciei tal ou tal situação. O imitar, ou o tomar a palavra "também" apenas como o indicador do seguir o exemplo de alguém, são maneiras deficientes do significado primordial da palavra "também", que, antes de tudo, é um existencial.

O relacionar-se com alguém, com o outro, numa maneira envolvente e significante, é o que Heidegger chama de "solicitude", que imbrica as características básicas do ter consideração para com o outro e de ter paciência com o outro. Ter consideração e paciência com os outros não são princípios morais, mas encarnam a maneira como se vive com os outros, através das experiências e expectativas. Considero alguém em vista de tudo o que foi vivenciado e experienciado. O ter paciência sempre pressupõe uma expectativa de algo que possa vir a acontecer.

Há duas maneiras extremas de solicitude ou de cuidar do outro, em que existem, obviamente, também inúmeras variações. Uma delas é o

Einspringende Fürsorge, que em alemão literalmente quer dizer: cuidar do outro pulando em cima dele ou, em outras palavras, "pôr o outro no colo", "mimá-lo", fazer tudo pelo outro, dominá-lo, manipulá-lo ainda que de forma sutil. A outra maneira de cuidado para com o outro é o *Vorspringende Fürsorge*, em alemão, pular em frente ao outro; quer dizer, possibilitar ao outro assumir seus próprios caminhos, crescer, amadurecer, encontrar-se consigo mesmo. Todas as maneiras de indiferença, apatia, falta, competição, sintomas, aliás, muito atualizados em nossa vida de grandes cidades, são maneiras deficientes da primordial característica fundamental: solicitude.

"Sendo com os outros" é a característica fundamental, original, que Heidegger descobre no existir humano; mas esse original que encontra, nada tem a ver com o original encontrado pelos estudos etnológicos, antropológicos dos povos primitivos. "Diga-me com quem andas e te direi quem és"; "sinto-me sozinho, abandonado, marginalizado"; "ninguém me compreende", todas são expressões que não teriam o mínimo sentido se não fosse a característica básica do "existir com os outros". Um objeto pode estar metricamente perto ou longe de outro, mas nunca se pode dizer que está sozinho, ou que tenha sido abandonado por outro objeto.

Compreender o sentido fundante das características básicas do "ser com" e do "ser com os outros", da solicitude e das várias maneiras possíveis que podem ser apresentadas e realizadas é de suma importância para os novos caminhos da criatividade, para as atividades educacionais, psicológicas, artísticas, inclusive para as ciências exatas, conhecendo-se já suas capacidades e limitações.

A última parte do capítulo que aqui apresentamos faz uma referência explícita àquilo que comumente chamamos de "vida social", mas Heidegger, seguindo seus próprios caminhos, não aproxima a questão do mesmo modo como o fazem os estudos científicos. Aproxima, outrossim, a maneira básica desse viver.

Heidegger chama o *man* o modo básico do viver com os outros, no cotidiano. No alemão, o *they* no inglês, ou o "a gente", o "todos", numa linguagem mais significativa para nós: "a gente falou", "a gente decidiu", "a gente fez". Este "a gente", este "eles", tem características próprias e constitui o "público" ou a "opinião pública" que domina a maneira de viver com os outros. Na época atual, de consumo e tecnologia, a imposição de preferências da opinião pública através dos meios de divulgação tem forças irresistíveis. Cada vez mais, a vida fica estruturada e dirigida pelas organizações supereficientes, em que o indivíduo fica disperso, protegido, acomodado no geral, é empurrado, compelido à uniformidade e mediocridade. Ninguém em particular é responsável, pois a responsabilidade mesma recai sobre a organização, sobre seu representante que sempre pode ser substituído por outro a qualquer hora. O homem se torna apenas um número ou uma parcela desse modo super organizado de viver. O "a gente", o "todos", é, para Heidegger, o "ninguém". Isto não quer dizer que o "a gente" se apresente como um vazio, ou que exclua o alguém; ao contrário, o "ninguém" encobre e acomoda a todos que dele participam, que estão perdidos de si mesmo ali, a todos a que se chama público ou as exigências do público.

Heidegger não atribui conotações valorativas ao "a gente", no sentido de desprezar essa maneira de viver, mas considera-o como fundamental, à medida que possibilita a vida comunitária e o coletivismo massificante. O "a gente" ou o "eles" não é a soma aritmética dos indivíduos, assim como também não é o "sujeito" coletivo que representa uma classe ou o conjunto de pessoas vivendo, digamos, nas grandes cidades. O "a gente" é a maneira fundamental de se viver com os outros, que possibilita tanto o viver em comunidade, onde cada um compartilha numa maneira própria e autêntica, quanto o viver dissolvido e diluído na massificação, absorvido no coletivismo, tornando-se uma peça, um objeto manipulável. O ser si mesmo, autêntica e propriamente, depende e se baseia nos modos de "viver com os outros", no "ser com os outros".

Partindo dessa característica fundamental ou, para dizermos melhor, existencial do ser humano, novos caminhos são abertos para se aproximar, atuar, realizar e resolver problemas humanos vitais. Questões como a de uma educação autoritária ou não autoritária podem ser resolvidas a partir dessa perspectiva. Problemas de psicologia social, de assistência terapêutica de grupos, de profilaxia mental, enfim, inúmeros problemas das atividades humanas podem ser aproximados e compreendidos através dos novos horizontes abertos pela maneira através da qual Heidegger nos ensina a pensar.

ABORDAGEM FENOMENOLÓGICO--EXISTENCIAL DOS SONHOS-I[6]

Nesta tentativa de expor a abordagem fenomenológico-existencial dos sonhos, não podemos deixar de considerar, antes de mais nada, o que significam as expressões "fenomenológico" e "existencial".

Para muitos, "fenômeno" é algo que aparece, e, como aparência, pode enganar. O fenômeno é a pedra fundamental do pensamento de Husserl. O método fenomenológico que ele propõe se dirige para uma ciência eidética, em que toda a tentativa de descrição dos fenômenos se baseia na objetividade do consciente.

Por vezes, chama-se "descrição fenomenológica" a descrição minuciosa dos objetos ou das noções objetivadas para fins de observações exatas, que, essencialmente, são noções empíricas. Empirismo não é fenomenologia. Empirismo é a descrição na maneira de observação dos fenômenos, baseada em parâmetros e variáveis.

Para Martin Heidegger (1973) – quem nos serve como guia para pensar e refletir –, fenomenologia é, simplesmente, as várias maneiras pelas quais algo se mostra, se apresenta, se desvela, se torna presente a nós.

A aproximação do termo "existencial" também pede que evitemos distorções e mal-entendidos. Para tanto, convém não falar em "existencialismo" como se fosse um sistema fechado da filosofia. O que há são existencialistas,

---

6 Trabalho apresentado no Simpósio sobre Sonhos, promovido pela Escola Paulista de Medicina, em 1981.

que assim são chamados por compartilharem de um tema comum – mas cada um deles o pensa de maneira própria e característica.

Para o pensamento ocidental, para a ontologia clássica, "existência" significa algo real, ou seja, a objetividade das coisas contrastante com suas ideias – sua "essência". Dessa contraposição, surgem teses e discussões sem-fim: se a essência precede a existência, ou se a existência é que precede a essência... "Existência", para Heidegger (1973), guarda seu sentido etimológico original – *ek-sistencia* – algo que emerge, torna-se manifesto, desvela-se. Fundamentando-se nesta compreensão da existência que Heidegger (1973) nos aponta, o existir humano (o ser-aí, o *Dasein*) como sendo uma "clareira" que possibilita perceber, compreender, entender e conhecer a totalidade dos significados de tudo o que encontramos no mundo. O ser como "clareira" não se refere a uma noção topográfica, mas a uma característica fundamental de ser humano. "Clareira" significa as várias maneiras nas quais tudo o que é se torna presente, se manifesta e se esclarece; assim como sentimos, agimos, pensamos, enfim, o como vivemos.

O sonhar é um fenômeno (entre outros) do mundo do *Dasein*, que pode ser objetivado e coisificado na expressão substantiva "sonho". Boss (1979), em seu livro *Na noite passada eu sonhei...*, faz menção crítica a um acontecido nos Estados Unidos quando, ao se dar um sonho para ser interpretado a vários psicanalistas, cada um apresentou interpretações completamente diferentes. O questionamento dessa multiplicidade de posições está correto, mas incompleto, pois, se déssemos um sonho a, por exemplo, 15 existencialistas, também nós obteríamos 15 respostas diferentes. Mas isto não é novidade. Em *The psychology of dreaming*, Van de Castle (1971) cita que, na Antiguidade, conforme relatos históricos, o rabino Bizna já chamava atenção para interpretações de sonhos. Em Jerusalém, consultou 24 diferentes especialistas a respeito de um sonho e obteve 24 peculiares interpretações que, segundo sua opinião, eram todas exatas. O que, entretanto, se presentifica nesse acontecimento?

O "sonhar", como fenômeno que a nós se apresenta, não tem sentido fundamental sem o sonhador. Isto, que para nós é fundamental e óbvio, ficou esquecido ou desapercebido (o óbvio não é assunto encerrado; ao contrário, é ponto de partida para reflexões e pensamentos riquíssimos, segundo exemplos de Heidegger). É preciso que atentemos, como alerta Heidegger (1973), para a historicidade (no caso) do sonhador. O homem é, fundamentalmente, um ser histórico. Um ente que historiza, de várias maneiras, mitos, lendas, poemas épicos e, na atualidade, cientificamente, aquilo a que chamamos de história, ou mais especificamente, Historiografia. Alerta para historicidade, Heidegger (1973) nos convida, sempre, a retomar ou buscar as origens e significados dos fenômenos tais como se desvelam ou se encobrem, parcial ou totalmente, em várias épocas históricas. Portanto retomaremos algumas origens do fenômeno "sonhar", não com a finalidade de enriquecer nosso conhecimento enciclopédico e informativo, mas para ver de perto como este fenômeno se aproxima ou se afasta da nossa compreensão e entendimento.

Artemidorus, grande especialista da Antiguidade Grega em interpretar e explicar sonhos, elaborou sobre esse assunto uma obra interessantíssima. Temos conhecimento de cinco volumes, compilados sob o nome de *Onirocrítica* (sonho, no grego antigo Onar, quer dizer algo visto dormindo; *Crites*, do verbo *crino*, significa avaliar, explicar). Tendo colhido enorme quantidade de material, Artemidorus o observa sistematicamente e elabora algumas proposições:

Classificação dos sonhos:

    A. sonhos simbólicos;
    B. sonhos com visões simplesmente do cotidiano;
    C. revelações divinas através dos sonhos;
    D. *somnium*: sonhos relacionados com o futuro, alegóricos;
    E. *insomnium*: sonhos relacionados com o presente cotidiano, com sensações corporais.

Elaborou, também, um questionário que lhe permitisse interpretar os sonhos:

    A. *natura*: os acontecimentos, o conteúdo dos sonhos é plausível ou extravagante, esquisito?;

B. *lex*: os acontecimentos nos sonhos são interligados, têm continuação ou não?;

C. *consuetudo*: os fatos e acontecimentos oníricos são familiares ou estranhos ao sonhador?;

D. *tempus*: que acontecimentos, antes do sonho, poderiam ter influência no sonhador?;

E. *ars*: atividades e profissão do sonhador;

F. *nomem*: o nome do sonhador.

Além dos esboços que trouxemos, Artemidorus chama atenção para que se perceba que o significado e a definição dos símbolos aparentes no sonho mudam no decorrer do tempo e conforme os padrões culturais dos povos.

Estamos citando e enfatizando estas posições de Artemidorus, em razão de grande proximidade que nós, preocupados com a compreensão fenomenológico-existencial dos sonhos, experimentamos em relação a ele. Em primeiro lugar, porque, de fato, sem conhecermos adequadamente o sonhador, nenhum sentido há em esclarecermos o sonho. Em segundo lugar, pela compreensão da fluidez e mudança dos significados dos símbolos, significados que não se congelam e coisificam em noções objetivas e de validez imutável e universal.

Outro pensador, ainda mais remoto que Artemidorus, foi Heráclito. Num dos fragmentos do seu pensar que chegou até o nosso conhecimento, escreveu: "Cada homem vive dormindo e sonhando em seu próprio mundo. Na vigília volta a coabitar no mundo dos (outros) demais". Heráclito nos mostra que o ser humano – acordado, dormindo e sonhando – tem maneiras próprias e características.

Essas reflexões e abordagens que encontramos na Antiguidade estão muito próximas do modo como nós apreendemos significados dos sonhos, embasando-nos na ontologia fundamental de Heidegger (1973), e, mais concretamente, naquilo que Boss nos mostra em suas obras sobre os sonhos.

Quem também chegou muito perto desta abordagem dos sonhos foi Alfred Adler, que ficou eclipsado e pouco conhecido em razão do brilho e da genialidade de Freud e Jung. Em *Psicologia individual*, sua principal obra, faz o seguinte comentário sobre os sonhos: "Tanto sonhando como no estado de vigília, o homem na sua totalidade (Eu Total) nos mostra o estilo individual da vida dele e o seu confronto com os problemas". Adler (1974) chama atenção para a importância de captarmos, na integralidade dos sonhos, a afinação ou a disposição do indivíduo sonhando, assim como a motivação que nos sonhos se manifesta – a finalidade da vida da pessoa, por exemplo, dificuldades, medos, coragem ao encarar problemas da vida. A motivação é esclarecida nos sonhos, através deles, para alcançar os alvos de sua vida.

Boss, por sua vez, baseia-se na ontologia fundamental de Heidegger (1973). Este, em Ser e tempo, caracteriza o existir humano, o "ser-aí", o *Dasein*, primordialmente, como o ser de coexistir e existir com os outros. Mostra-nos as várias maneiras deste coexistir, existir com os outros, através de características fundamentais e primordiais do ser humano: o *compreender primordial* (o atuar e mexer com as coisas, anterior ao que comumente chamamos "cognição"), o *dizer* (discursar no sentido de mostrar algo) *falando, escutando e silenciando*. Estas características se imbricam na afinação, na disposição. À totalidade interlaçada dessas características, a esta estrutura total Heidegger (1973) chama de *Sorge* – a "cura" ou, melhor dizendo, o cuidar e zelar para algo. Nesta estrutura estão ancoradas outras características primordiais – o ser mortal e o culpar-se, nas maneiras em que se manifestam, assim como o espacializar primordial e, sobretudo, o primordial temporalizar e historizar. Estranhamos, de início, as expressões usadas por Heidegger (1973), mas elas são por ele empregadas na tentativa de superar as dificuldades e os "becos sem saída" que nossa época tecnocrática e tecnológica nos apresenta.

Boss, partindo do ensinamento filosófico de Heidegger (1973), em duas obras principais, expõe a temática do sonhar. Em inúmeros exemplos, mostra a existência de semelhança entre os estados onírico e de vigília. Concordamos com ele quando diz que para compreendermos os sonhos é preciso ter em vista a totalidade e a riqueza dos acontecimentos oníricos, sem reduzi-los aos esquemas padronizados. Também mostra, e com nitidez, as diferenças entre o estado de vigília e o onírico. O sonhar é algo que presenciamos como se fosse fora de nós, no qual, entre outras coisas, espacializamos e temporalizamos numa maneira diferente e característica. Os sonhos têm presença imediata, sensorialmente percebida: imagens, sons, cores, movimentos, sensações do próprio corpo, do paladar, do tato etc. Discordamos, porém, de quando Boss tenta avaliar o estado onírico como sendo mais pobre e restrito do que o estado de vigília. Preferimos constatar, meramente, que são diferentes, e evitar conotações valorativas em relação a eles. Em sua presença imediata e intensa, o sonho desvela, frequentemente, uma riqueza imensa, a qual pode passar desapercebida no estado de vigília. Nossa abordagem dos sonhos baseia-se no que segue:

- não há sentido em esclarecermos um sonho em sua totalidade sem que conheçamos bem a pessoa que o sonhou – o sonhador;
- evitar a esquematização das formas de perguntas e comentários dirigidos para o esclarecimento dos sonhos;
- deixar claro se, no estado onírico, a pessoa tem atitude ativa ou passiva;
- esclarecer "como" a pessoa se sentia enquanto sonhava, independente de como ela se sente na hora em que relata o sonho;
- entender o significado pessoal e próprio de tudo o que a pessoa encontra e vivencia sonhando;
- ter paciência, às vezes, para esperar a ocorrência de uma série de sonos antes que se possa compreendê-los e esclarecê-los;
- esperar o momento propício para o esclarecimento;
- tentar evitar o máximo possível, durante o esclarecimento do sonho, interferir com a imposição de pontos de vista rígidos e arbitrários;
- coragem de admitir que, às vezes, não é possível entender o sonho; há existências confusas tanto no estado de vigília quanto no onírico.

Para finalizar, citaremos alguns exemplos. Estamos conscientes, todavia, do limite que encontramos nas circunstâncias de uma palestra. Sabemos, portanto, que estaremos dando informações muito precárias a respeito das pessoas que nos relataram os sonhos que se sucedem.

A. Sonho de uma senhora que se submeteu a uma mastectomia radical, após constatação de câncer no seio, logo que recebeu alta do hospital: "Estava voltando do hospital para meu apartamento. Na hora em que abri a porta, percebi que todos os quartos, móveis, armários, gavetas, cadeiras, cama etc. estavam cheios de coisas, de maneira que não encontrava como pôr no chão a mala que carregava comigo".

A senhora sentiu-se sufocada e acordou. Perguntamos se, após a operação, ela se sentia inferiorizada, marginalizada. Ela nos respondeu que, de fato, ainda não havia encontrado seu lugar neste mundo, que não se sentia bem e que ainda não se havia familiarizado com a nova situação. A "falta de lugar no mundo" mostra-se, no sonho, no apartamento cheio, onde a senhora não encontra lugar para nada. No decorrer dos encontros, ela relatou uma sequência de sonhos nos quais começou a jantar em restaurantes, acompanhada. Depois, sonhos em que começou, ela mesma, a preparar jantares em casa, convidando amigos. Nesses sonhos, a comida tem o significado do relacionamento social. A senhora entendeu o mundo onírico, começou a tornar-se ativa e sociável. Acordada, contudo, continuava deprimida.

Num dos outros vários encontros que tivemos, relatou o seguinte sonho: "Sonhei que estava sentada num banco de um bonito parque, e tive a impressão de que várias lagartas que estavam nas árvores cairiam em cima ou perto de mim". Relatando o sonho, ela mesma comenta que não sentiu medo nem nojo das lagartas, o contrário de quando está acordada, pois tem pavor delas. À nossa pergunta sobre se sabia que as lagartas se transformam em borboletas, respondeu, emocionada: "Sim, é uma nova vida".

B. A respeito de psicóticos, concordamos com vários autores: o melhor caminho para aproximá-los dos sonhos é participar da compreensão dos sonhos sem tentar esclarecê-los para o paciente. Um rapaz que sofria de surtos psicóticos, com ideias persecutórias, alucinações auditivas ameaçadoras, e ficava completamente isolado, num dos sonhos (aliás, irregulares, por suas dificuldades) contou-nos o seguinte: "Num prostíbulo procurei uma prostituta. Depois da relação sexual ela pegou uma faca e cortou os meus genitais. Apavorado, vi como ela mostrava os meus órgãos cortados, exibindo em seu rosto um riso cínico. Acordei suando de pânico".

De nossa parte, só mostramos como, de fato, tal sofrimento é doloroso. Provavelmente por nossa atitude compreensiva, sem entrar na armadilha das interpretações explicativas, o rapaz retornou, a partir desse momento, por algum tempo, a todas as suas atividades. Reencontrou amigos e voltou a frequentar o colégio, que tinha abandonado.

Este rapaz, no decorrer do tempo, sempre apresentava altos e baixos e tinha uma série de sonhos aterrorizantes. Neles, vários bichos ferozes arranhavam e mordiam. Ele sofria, sonhando dores e sangramentos horríveis. Continuávamos demonstrando a ele compreensão, paciência e consideração para com suas dificuldades, dando-lhe o máximo de apoio em sua existência frágil e vulnerável. Assim, sentindo-se apoiado e abrigado, sonhou o seguinte: "Os bichos tornaram-se meus amigos. Entrei com eles num quarto escuro, e na hora em que eu queria acender a luz, um deles me falou: 'Deixe isso comigo' e acendeu a luz. Fiquei conversando com os bichos numa boa". Após este sonho, apresentou melhora mais duradoura e estável.

Indagamos: o que aconteceu? Respondemos, lembrando um trecho de *Cartas a um jovem poeta*, de Rainer Maria Rilke (1976):

> Não sabemos o que houve. Facilmente nos poderiam fazer crer que nada aconteceu, no entanto ficamos transformados como se transforma uma casa em que entra um hóspede. Não podemos dizer quem veio, talvez nunca o venhamos a saber, mas muitos sinais fazem crer que é o Futuro – que entra em nós dessa maneira para se transformar em nós mesmos muito antes de vir acontecer.

Heidegger (1973), em suas reflexões sobre a temporalidade, fala sobre a primazia do futuro. Essa primazia não tem conotação valorativa, como se o futuro fosse superior ao presente ou ao passado, mas diz sobre o sentido fundamental do existir humano: o futuro convida, solicita à criatividade, à concretização de algo. Não serão os sonhos, muitas vezes, os hóspedes que entram e transformam nossa casa? Não é o futuro que começa a transformar nossa existência?

Pode parecer que estas reflexões sejam românticas, ingênuas, idealistas. É uma questão que fica em aberto. Mas, se entendemos a psicoterapia como processo que vai além do tratamento que meramente se preocupa com remover sintomas nocivos, corrigir defeitos, substituir peças danificadas, contrabalançar o excesso ou falta de enzimas; se a terapia zelando para o enriquecimento e esclarecimento do contexto de significados – assim como os vivenciamos, pensamos e concretizamos –, então ela tem de respeitar e assimilar a sensibilidade do poeta e o questionamento dos filósofos da mesma maneira como respeita e assimila as informações empíricas e os resultados das pesquisas planejadas e executadas através das ciências exatas.

REFERÊNCIAS BIBLIOGRÁFICAS

ADLER, Alfred. *Práxis und Theorie des Individualpsychologie*. Fisher Taschenbuch Verlag, 1974.
BOSS, M. *Na noite passada eu sonhei...* São Paulo: Summus, 1979.
HEIDEGGER, Martin. *Sein und Zeit.* Max Niemeyer, Verlag, 1972.
HEIDEGGER, Martin. *Being and time.* Oxford: Basil Blackwell, 1973.
RILKE, R. M. *Cartas a um jovem poeta.* Rio de Janeiro: Globo, 1976.
VAN DE CASTLE, R. L. *The psychology of dreaming.* General Learning Press, 1971.

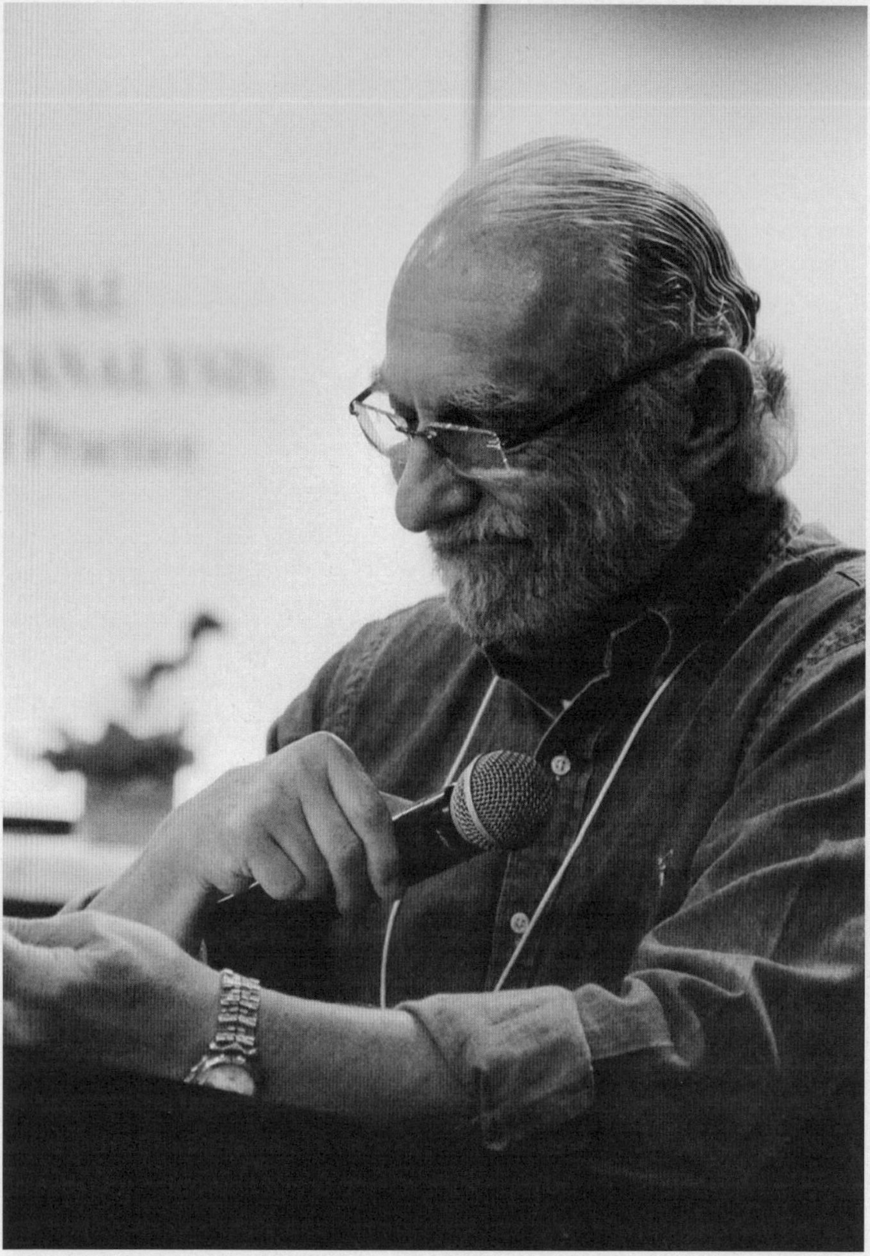

David Cytrynowicz

SOLON SPANOUDIS, ABD E DASEINSANALYSE

Os primeiros anos da Associação Brasileira de Daseinsanalyse e as contribuições desenvolvidas no Brasil a partir da visão de Solon Spanoudis são os temas centrais deste texto.

Para falarmos da fundação da ABD é mandatório trazer a biografia de Solon Spanoudis, seu fundador. A trajetória da ABD está diretamente, umbilicalmente ligada a ele. Para entender a existência da ABD, sua fundação e sua longa duração que completa seu cinquentenário, precisamos considerar não somente a atualidade do pensamento daseinsanalítico e sua prática clínica, mas, sobretudo, a extraordinária figura de seu fundador que morreu tão cedo, aos 59 anos.

Alguns dados da trajetória de Solon podem ajudar a entender o pano de fundo do desenvolvimento da Daseinsanalyse no Brasil.

Solon foi o pioneiro, na década de 1970, no estudo e divulgação do pensamento original de Martin Heidegger e do psiquiatra Medard Boss como fundamento para a prática da psiquiatria e psicoterapia no Brasil. Nasceu em Smyrna, Asia Menor, em 24 de abril de 1922 e morreu em 2 de agosto de 1981, em São Paulo. Sua mãe, Cleo Vulgaris, nasceu em família de posses, enquanto seu pai, George Spanoudis, era de uma família de simples agricultores, que teve uma história curiosa. O avô paterno de Solon ganhou na loteria e investiu na educação de George, que foi estudar medicina em Paris. Essa história retrata o que em muitas famílias mundo afora se repete ao longo dos anos, a valorização dos estudos.

Por ser de origem grega, a família Spanoudis foi alvo do genocídio dos habitantes gregos e armênios promovido no término da Guerra Greco-Turca (1919-1922). George, então, encabeçou a fuga da família para Atenas, capital da Grécia, deixando para trás o conforto e todos os seus bens materiais. Solon estava com três meses.

Junto ao seu irmão mais velho, Theon Spanudis (1915-1986), Solon cresceu e fez seus estudos em Atenas, na Escola Americana (1928-1941). O irmão, que sempre foi uma grande influência para Solon, estudou medicina e tornou-se psiquiatra em Viena.

Em 1942, Solon também foi para a Áustria. Tendo contraído tuberculose, foi levado para um sanatório nos Alpes. Depois do tratamento, ele retornou para a capital austríaca e iniciou seus estudos na Universidade de Viena, seguindo o curso de química, de 1942 a 1944. Em 1945, transferiu-se para medicina e, em 1950, atuou no Hospital Psiquiátrico daquela Universidade, onde fez o curso teórico-prático e estágio em psiquiatria. No ano seguinte, diplomou-se doutor em medicina.

Entre 1942 e 1944, Solon passou pela sua primeira experiência psicoterápica com o dr. August Aichhorn (1878-1949), educador e psicanalista reconhecido pelo seu trabalho com crianças marginalizadas.

Em 1950, Theon aceitou o convite que tinha recebido no ano anterior, por ocasião do Congresso Internacional de Psicanálise, em Genebra, para atuar como analista didata dos primeiros psicanalistas da Sociedade Brasileira de Psicanálise (SBP).

Já diplomado em medicina, Solon novamente seguiu o irmão para o Brasil. Inicialmente, ele morou em Niterói, enquanto se preparava na Faculdade Fluminense de Medicina para a revalidação de seu diploma médico, necessária para o exercício profissional no país. Depois de concluir o processo de revalidação do diploma, em outubro de 1954 Solon mudou-se para a cidade de São Paulo.

Aproveitando seus conhecimentos de química, habilitou-se para o estágio de aperfeiçoamento de técnicas de laboratório, no Laboratório de Hematologia da Seção de Fisiopatologia do Instituto Butantan, por dois anos. Nesse período, ele encontrou a oportunidade de colaborar com os trabalhos de investigação científica sob orientação dos doutores endocrinologistas G. Rosenfeld (1912-1990) e Francisco Eichbaum (1906-1980). Esses trabalhos foram comunicados no Departamento de Hematologia e Hemoterapia da Associação Paulista de Medicina, e publicados em revistas internacionais.

Aconselhado pelos recentes amigos do Instituto Butantan, Solon decidiu abrir um pequeno laboratório de análises clínicas, como um caminho mais acessível para a sua atuação como médico estrangeiro recém-chegado sem referências profissionais ou sociais.

Em novembro de 1960, naturalizou-se brasileiro. Em 1961, Solon casou-se com Barbara Schubert (1927- 2023). Eles não tiveram filhos.

Barbara Schubert Spanoudis foi a tradutora do primeiro livro de Boss em língua portuguesa: *Angústia, culpa e libertação* [*Lebensangst, Schuldgefühle, und Psychotherapeutische Befreiung*], publicado pela editora Duas Cidades e reeditado agora, neste livro comemorativo dos 50 anos da ABD.

Nos anos seguintes, entre as suas várias atividades no laboratório, Solon participou de um grupo de estudos em torno da psiquiatria existencial, orientado pelo psiquiatra docente da Faculdade Paulista de Medicina, Edu Machado Gomes, pioneiro do movimento existencial em São Paulo. Desse grupo, participavam os também psiquiatras Luiz de Araújo Prado e Luiz Antonio Weinmann. Nessa ocasião, ele intensificou os seus estudos em torno da fenomenologia existencial e iniciou seu trabalho como terapeuta existencial.

Entre 1967 e 1968, fez o seu treinamento didático como psicoterapeuta na abordagem fenomenológico existencial, na Coordenadoria de Saúde Mental da Secretaria de Saúde do Estado de São Paulo, sob orientação de Machado Gomes, com quem também se submeteu a sua segunda psicoterapia, agora na abordagem fenomenológico-existencial. Em 1968 e 1969, fez estágio teórico-prático em psiquiatria e psicoterapia no Departamento de Assistência aos Psicopatas, sob orientação do psiquiatra Pedro Dantas. A partir de maio de 1969, exerceu as funções de médico psiquiatra no ambulatório do Serviço de Saúde Mental do Estado de São Paulo, da rua Itapeva, onde esteve até o final de sua vida.

Foi em 1969 que eu conheci Solon, através do meu amigo Casimiro Angielczik, que o indicou para que eu o procurasse para fazer a minha terapia, quando eu ainda nem pensava em me tornar psicólogo.

Em novembro de 1970, Solon recebeu o título de psiquiatra da Associação Médica Brasileira e da Associação Brasileira de Psiquiatria. Ele exercia seu trabalho como psiquiatra e psicoterapeuta em consultório particular, no mesmo endereço do laboratório de análises clínicas, à rua Bento Freitas, nº162. No térreo desse edifício, onde se encontrava o seu consultório, estava instalada a Livraria Duas Cidades, editora que se dedicou a algumas das traduções iniciais da obra de Heidegger para o português.

Solon foi também muito atuante na comunidade grega de São Paulo e um estudioso da cultura helênica, tendo sido eleito em fevereiro de 1969 presidente do Instituto Educacional Ateniense, cargo que ocupou até abril de 1974. Ele sempre foi alguém que buscava entender o ser humano e não somente explicar seus comportamentos e ações.

Inconformado com a restrição das abordagens científico-naturais da medicina e da psicologia para o entendimento da condição humana, ele se dedicava, cada vez mais, aos estudos em torno do existencialismo e da fenomenologia. No início, seu interesse maior foi pelos autores que estudara em Viena, o médico e psicólogo austríaco Alfred Adler (1870-1937), e o psiquiatra e filósofo existencialista alemão Karl Jaspers (1883-1969). Além desses, ele lia também autores americanos, sobretudo o psicólogo existencialista Rollo May (1909-1994). Contudo ele tinha um olhar crítico para a leitura psicanalítica da fenomenologia. Mesmo assim, foi no livro editado por May, *Existence* (1958), que ele encontrou as primeiras referências ao médico psiquiatra suíço Medard Boss (1903-1990). A partir desse encontro, Solon dedicou-se à leitura dos livros *Psychoanalysis e Daseinsanalysis* (1963) e *Analysis of Dreams* (1957). Ele costumava dizer "que se identificava com a força e o rigor das propostas de Boss e, com ele, tinha se dado conta da importância do novo fundamento do pensamento do filósofo alemão Martin Heidegger" (1889-1976).

Foi na leitura dessas obras e, principalmente, na sua leitura de *Ser e tempo* que Solon encontrou a superação de seus desconfortos com a leitura psicanalítica da fenomenologia que, para ele, mesmo que tivesse trazido considerável abertura à visão causal da psicanálise, ainda tinha ficado no meio do caminho. Agora, seu entendimento podia ser ampliado com a radical ruptura que o "salto do pensamento" da obra de Heidegger trouxe. No entanto a sua enorme curiosidade e vontade de compreender cada vez mais os desafios que a prática clínica lhe traziam foram fundamentais para que ele efetivamente pudesse dar este salto.

Em setembro de 1971, Solon escreveu pela primeira vez ao psiquiatra suíço Boss, expressando o seu interesse e pedindo-lhe orientação para maior aprofundamento em seus ensinamentos. Como soubemos posteriormente, Boss ficou impressionado com "aquele médico do distante Brasil que escrevia em perfeito alemão e que tão bem havia compreendido as suas ideias e referências a Heidegger". Ele logo respondeu com indicações de outros livros e textos e informou que, com frequência, viajava a São Paulo, pois, coincidentemente, dois de seus filhos moravam no interior dos estados de São Paulo e Paraná.

Por ocasião de sua visita no ano seguinte, em 1973, os dois psiquiatras se encontraram pela primeira vez.

Nessa época eu já estava cursando psicologia na PUC-SP e pude acompanhar de perto o encantamento de Solon pelas suas novas descobertas intelectuais com os textos de Boss e Heidegger e pela possibilidade de uma aproximação pessoal com Boss.

A partir daquele encontro, teve início o primeiro grupo semanal de estudos, sob orientação de Solon, em seu consultório. O grupo era formado, além do autodidata Casimiro, por jovens psicólogos e estudantes de psicologia que tinham se aproximado dele, de algum modo, através de mim.

Em 1973, Solon foi responsável pela tradução de Barbara Spanoudis e publicação pela editora Livraria Duas Cidades do livro *Angústia, culpa e libertação*, de Boss. Ainda naquele ano, ele aceitou o convite de Boss para participar do livro em homenagem aos seus setenta anos. Solon escreveu, então, o artigo "Langweiligkeitsneurose", publicado na Suíça pela Verlag Hans Huber e, em português, como "Neurose do Tédio", pela revista Daseinsanalyse n. 2, em 1976.

Em 1974, mais uma vez de volta ao Brasil, na fazenda de sua filha Maia, Boss recebeu Solon e o seu pequeno grupo de estudos, além de sua esposa Bárbara. Nesse encontro, Boss falou em português, confidenciando que aproveitava também esta oportunidade para treinar o nosso idioma, motivado pelo desejo de se comunicar melhor com os seus pequenos netos brasileiros. As gravações desse seminário foram transcritas, editadas e publicadas como *Encontro com Boss,* que veio a ser o primeiro número da revista *Daseinsanalyse.*

Nessa época, Solon já estava totalmente envolvido com o projeto sonhado da criação de uma associação de Daseinsanalyse, no qual eu também já estava inteiramente comprometido.

Com o apoio de Boss e o incentivo do irmão psicanalista Theon, Solon foi o fundador da primeira instituição oficial de estudos e práticas clínicas de Daseinsanalyse, não somente do Brasil, mas da América Latina, nomeada como **Associação Brasileira de Análise e Terapia Existencial – Daseinsanalyse (ABATED)**, que foi também a primeira associação internacional reconhecida pela Intenational Federation of Daseinsanalysis (IFDA), com sede na Suíça, no mesmo ano de 1974.

No documento original de fundação da ABATED, além de Solon e Theon Spanudis, constam o psiquiatra Luiz Antonio Weinmann, o terapeuta Casimiro Angielczyk, os psicólogos João Augusto Pompeia (o Guto) e eu mesmo.

Theon e Weinmann emprestaram seu apoio e reconhecimento para a fundação da ABATED, mas logo se afastaram, enquanto Solon, cada vez mais se envolvia com o objetivo do estudo e a divulgação do pensamento de Heidegger e das contribuições de Boss.

Com a dedicação crescente ao seu trabalho como terapeuta e psiquiatra e às atividades da ABATED, Solon encerrou o laboratório de análises clínicas em 1975.

Neste mesmo ano, ele também foi designado como responsável pela Área de Psicoterapia do Serviço de Saúde Mental, da rua Itapeva, pelo diretor da Secretaria de Estado da Saúde de São Paulo, dr. Alberto Calvo (1928-2013). Esse foi outro marco importante na trajetória de Solon, pois, na época, não havia a atividade de psicoterapia no serviço público de saúde, muito menos como atividade de psicólogos. O que havia era próximo ao atendimento psiquiátrico atual, talvez com um tempo um pouco maior.

Além do atendimento psiquiátrico usual, Solon realizava atendimentos psicoterápicos individuais, bem como coordenava grupos de orientação de mães de alguns jovens em atendimento. Nesses grupos, havia também a participação de uma assistente social.

Foi nesse início que eu comecei a atuar naquele Serviço Público de Saúde Mental como voluntário, sob supervisão do Solon, como psicoterapeuta e como psicólogo nos grupos de orientação de mães.

Em 1975 e 1978, por ocasião de outros retornos de Boss a São Paulo, Solon organizou seminários de fins de semana com ele, na cidade litorânea do Guarujá, dos quais participava o grupo inicial de estudos que, então, se dedicava à leitura de *Ser e tempo* (1927). Esses encontros com Boss foram muito ricos e vigorosos. Nessas ocasiões, ele apresentava e desenvolvia importantes questões para a prática daseinsanalítica, como, por exemplo a diferença entre causa e motivação, o novo pensar fenomenológico e a necessidade de superar a visão determinista causal, a diferença entre questões ônticas e fundamentos ontológicos, a superação da visão tradicional da psicossomática, a importância dos sonhos no processo psicoterápico, ou o entendimento do modo de ser esquizofrênico. Nessas ocasiões, tínhamos, também, a oportunidade de uma aproximação mais pessoal com Boss, em conversas informais, durante o almoço ou o jantar que seguiam os estudos.

Por ocasião do último seminário de 1978, com o apoio do Prof. Dr. Joel Martins (1920-1991), presidente da Comissão Geral de Pós-Graduação da Pontifícia Universidade Católica de São Paulo (PUC-SP), Solon organizou ainda duas apresentações de Boss para graduandos e pós-graduandos em psicologia, na PUC-SP.

Naquele ano, Solon tornou-se coordenador da Clínica da Faculdade de Psicologia do Instituto de Ensino Superior Senador Flaquer, na cidade de Santo André, no ABC Paulista, motivado pela oportunidade de desenvolver um núcleo universitário de estudos fenomenológicos em psicologia.

Ainda em 1978, teve início um dos últimos sonhos idealizados por Solon: criar um novo e maior espaço físico onde funcionaria um instituto, local para vários consultórios e mais salas para cursos. Ele sonhava com uma ABATED que pudesse acolher novos terapeutas para difundir e desenvolver o estudo e a prática da Daseinsanalyse. Encontramos, então, um lugar na rua Cristiano Viana, 172, e iniciamos a construção deste projeto. Este novo sonho foi, então, gestado conjuntamente, pois nessa época eu já estava totalmente envolvido na atividade clínica. Dividia com ele o consultório na rua Bento Freitas, trabalhava como voluntário no serviço público e participava da iniciativa dele na Faculdade de Psicologia Senador Flaquer, como coordenador do curso de psicologia.

Em junho de 1980, Solon recebeu o título de "*Honorável Saber*", da PUC-SP, por iniciativa do professor Joel Martins, que justificou a sua decisão de conceder este título "dado o profundo conhecimento do pensamento heideggeriano e envolvimento com a sua divulgação de Solon Spanoudis". Com esse reconhecimento acadêmico, ele passou a orientar formalmente trabalhos de pós-graduação nas áreas de psicologia e educação.

Enquanto isso, Solon continuava a se dedicar à formação de terapeutas daseinsanalistas e, muitas vezes, facilitava a prática clínica desses terapeutas em estágios supervisionados por ele, no serviço público que coordenava. Dos membros remanescentes da ABD, Marcos Colpo, Bia Cytrynowicz e Carlos Eduardo Carvalho Freire (o Edu) tiveram lá, também, atuação voluntária.

Enquanto formava grupos regulares de leitura de *Ser e tempo*, em suas aulas e supervisões, Solon constantemente estimulava o "salto do pensamento" do novo olhar fenomenológico. Para melhor entendimento do caminho fenomenológico, ele também recomendava a leitura de obras de literatura e de alguns poetas, como Rilke e Fernando Pessoa e, frequentemente, levava para o grupo cópias de artigos diversos que lia, ou de frases avulsas instigantes que encontrava e que achava interessante para a reflexão sobre a condição humana. Mas, para a formação clínica de um daseinsanalista, Solon era também bastante enfático quando se referia à importância dos estudos de fisiologia, anatomia e psicopatologia.

Em maio de 1981, aconteceu a mudança da ABATED para um novo endereço, na rua Cristiano Viana, um amplo espaço, mais desocupado que ocupado, pronto para um futuro promissor.

Mas, do desdobramento deste futuro, Solon não participou. Em 2 de agosto desse mesmo ano, véspera do começo de um novo grupo de estudos, ele veio a falecer.

Não podemos falar da importância de Solon sem relembrar a sua jovialidade e o seu espírito inquieto, entusiasmado e afetivo. Esse modo que o aproximava intensamente dos profissionais mais jovens, bem como o respeito que por nós nutria, nos trazia a confiança para acreditar em nossas melhores possibilidades a serem desenvolvidas. Ele se dedicava com interesse escancarado ao crescimento, tanto pessoal quanto como terapeutas, daqueles que orientava.

A partir desta origem, pode-se entender como os grupos de estudo sempre tiveram um papel preponderante na ABD para a formação de daseinsanalistas. A maioria de nós, que de alguma forma tivemos contato com Solon, seja como pacientes, supervisionandos ou alunos, pudemos nos encontrar neste legado comum, segui-lo e também, cada um à sua maneira, propô-lo ao longo destes anos.

Nos anos que se seguiram, muitas coisas ocorreram. Em 1993, a ABATED foi renomeada como ABD. A tarefa para a qual a ABD tem se dedicado continuamente permanece a mesma que orientou a fundação da ABATED em 1974: o estudo e a divulgação da Daseinsanalyse enquanto método clínico e do pensamento fenomenológico-existencial a partir da hermenêutica heideggeriana.

Ressaltaremos, agora, algumas das questões trazidas por Solon, desde o primeiro grupo de estudos, antes mesmo que ele houvesse proposto a leitura de *Ser e tempo*. Essas questões permanecem vivas até hoje para nós, enquanto daseinsanalistas.

A primeira questão refere-se à inadequação do pensamento causal determinista na Daseinsanalyse e **a diferença entre causa e motivação**.

Essa questão aponta a importância de estarmos atentos ao perigo do pensamento causal e determinista, que toma o fazer do homem como consequência de antecedentes que o determinam tal qual entes intramundanos, sem considerar a diferença fundamental da constituição existencial do homem, nomeado *Dasein*, a partir do qual o fazer humano está ligado ao futuro. Futuro é entendido como o projeto que cada um de nós é, e que apela ao nosso cuidado. Esse apelo advindo do futuro é a motivação que sempre nos move. Não se trata aqui de uma simples substituição de palavras, que entende motivação como causa interna, algo que poderia muito facilmente acontecer. Esse substituir permanece no pensamento causal determinista e não traz o devido salto do entendimento.

O entendimento da diferença entre causa e motivação, desde o início, já apontava para o que vem a ser o entendimento da estrutura do cuidar (Sorge) do *Dasein*, bem como da condição existenciária imbricada e equiprimordial do compreender (*Verstehen*) e da afinação (*Gestimmtheit*) na qual sempre nos encontramos (*sich befinden*), tão bem explicitadas por Heidegger, em *Ser e tempo*.

Outra questão fundamental é a **diferença** entre o **Ôntico** e **Ontológico**. Esse entendimento é crucial para a compreensão do salto do pensamento heideggeriano, e a todo momento precisamos estar atentos para não o perder de vista.

Inicialmente, esse entendimento era empreendido por Solon a partir das reflexões filosóficas de *Ser e tempo*, trazidas de forma não sistemática, como colocado antes, através de textos escolhidos e discutidos nos grupos de estudos, bem como por meio de suas pequenas anotações, que ele chamava de "papeluchos", de frases manuscritas que ele nos entregava em qualquer ocasião. Literatura de modo geral, contos, crônicas, poesia, artigos de revistas e jornais e filmes eram também fonte de inspiração para o entendimento das mais variadas questões da prática clínica.

Mas o ponto de partida e de chegada de todas as reflexões eram as questões práticas dos nossos atendimentos e da nossa vivência pessoal. Nesse sentido, alguns dos temas propostos por ele, ao longo dos vários grupos de estudos, foram os seguintes:

- Significado da vida: morte como pano de fundo. Mortalidade, transformação e a questão da vivência da morte. Instinto de morte, incesto. Suicídio: autodestruição.
- Dor. Dor e grito, solicitação ao outro e impotência.
- Admiração: admirar e adorar. Admirar, fama e bajulação.
- Consciência: sentimento que o homem tem de si próprio; consciência como compreensão; clareira.
- O inconsciente.
- Simbolismo, sonhos, drogas e drogadição.
- Agressão e violência.

A partir da leitura mais sistemática de *Ser e tempo*, ele introduzia outras temáticas. Entre elas:

- Teoria e técnica. Pensamento atual: lógico e linear.
- Causa, armação (*Gestell*) e Energia.

- Percepção e presentificação.
- Fenômeno e aparência: Logos, Legein, Noein e Apofenesthai.
- Tempo e temporalidade.
- Sonhos: várias abordagens.
- Medo e angústia.
- Falar, escutar e silenciar.
- Técnica para Heidegger.
- O modo de ser esquizofrênico.
- Consciência e culpa.
- *Dasein* Resoluto: autêntico e inautêntico, próprio e impróprio.

Ao longo dos 43 anos que se passaram desde a morte de Solon, muitas coisas se desenvolveram. Mas, em cada um dos textos ou livros escritos, em cada uma das palestras proferidas e, principalmente, nos atendimentos clínicos dos membros da ABD, o DNA que Solon transmitiu para a Daseinsanalyse brasileira está presente de modo vigoroso e reconhecível.

Para finalizar, gostaria ainda de, mais uma vez, ressaltar que o aspecto do acolhimento como característica fundamental de ser daseinsanalista faz parte desse DNA.

Solon sabia como ninguém acolher seus pacientes. Acolhimento era a lição tácita que dele tivemos e que não era simplesmente um fazer os pacientes se sentirem bem e amados. Acolher não é apaziguar as possíveis aflições e angústia daqueles que nos procuram, ainda que eles devam se sentir confiantes de que podem encontrar um caminho para superarem o que os aflige.

Considerar e acolher a condição estreita e apertada das limitações de quem assim se sente também exige que acolhamos suas possibilidades de desdobramentos que eles ainda não podem viver e as suas necessidades não atendidas, seja por incapacidade circunstancial, por medo de mudanças ou por dificuldades de confrontação com aspectos de difícil aceitação. A partir de uma relação de intimidade, cumplicidade e confiança, podemos ajudá-los a ousarem o novo. Isso demanda que tenhamos um olhar cuidadoso e compreensivo em relação aos nossos pacientes.

Aprendemos com Solon a importância do contato pautado pelo olhar nas capacidades e potencial de cada paciente, sempre levando em conta o tempo de cada um. Suas intervenções convidavam a uma espera para os desdobramentos futuros, isto é, o convite que favorece ao paciente poder aguardar e não ficar enredado no imediatismo de impossibilidades, como se estas fossem permanecer para sempre em uma condenação de perenidade.

Nesse âmbito do cuidado, Solon introduziu o "**por enquanto**".

A expressão "por enquanto" era por ele utilizada nos encontros terapêuticos para apontar para o futuro e favorecer a circunstancial aceitação do que não podia ser mudado com a urgência dos anseios de cada um, seja para se livrar do sofrimento, ou para alcançar objetivos distantes.

Para finalizar, como curiosidade, quero trazer um achado meu. Revirando alguns papéis e livros, encontrei o exemplar de Solon de *Cartas a um jovem poeta*, de Ranier Maria Rilke, grifado e com suas anotações pessoais. Um desses trechos grifados bem expressa o seu entendimento da importância da espera pelo que pode vir:

> *Não busque por enquanto respostas que não lhe podem ser dadas, porque não as poderia viver. Pois trata-se precisamente de viver tudo. Viva por enquanto as perguntas. Talvez depois, aos poucos, sem que o perceba, num dia longínquo, consiga viver a resposta.*

Ao lado, do trecho "Não busque por enquanto respostas que não lhe podem ser dadas, porque não as poderia viver", Solon anotou: "Futuro Inautêntico". E depois do trecho "Pois trata-se precisamente de viver tudo. Viva por enquanto as perguntas. Talvez depois, aos poucos, sem que o perceba, num dia longínquo, consiga viver a resposta", ele anotou: "Futuro Autêntico, Construção e Sentido de perguntas".

Pode-se dizer que, assim, ele entendia a vida e também o seu cuidado como daseinsanalista.

REFERÊNCIAS BIBLIOGRÁFICAS

CYTRYNOWICZ, David. *Abertura do X Forum Internacional de Daseinsanalyse*. São Paulo, 2018.

CYTRYNOWICZ, David. *Solon Spanoudis*, apresentação na Mesa Redonda Institucional no IV Congresso Internacional de Fenomenologia Existencial em Natal, setembro de 2023.

CYTRYNOWICZ, Maria Beatriz. *ABD 30 anos*, ABD, 2004.

CYTRYNOWICZ, Maria Beatriz. *A todos que procuram o próprio caminho - Homenagem a Solon Spanoudis e Henryk – Casimiro Angielczyk*, ABD, 2011.

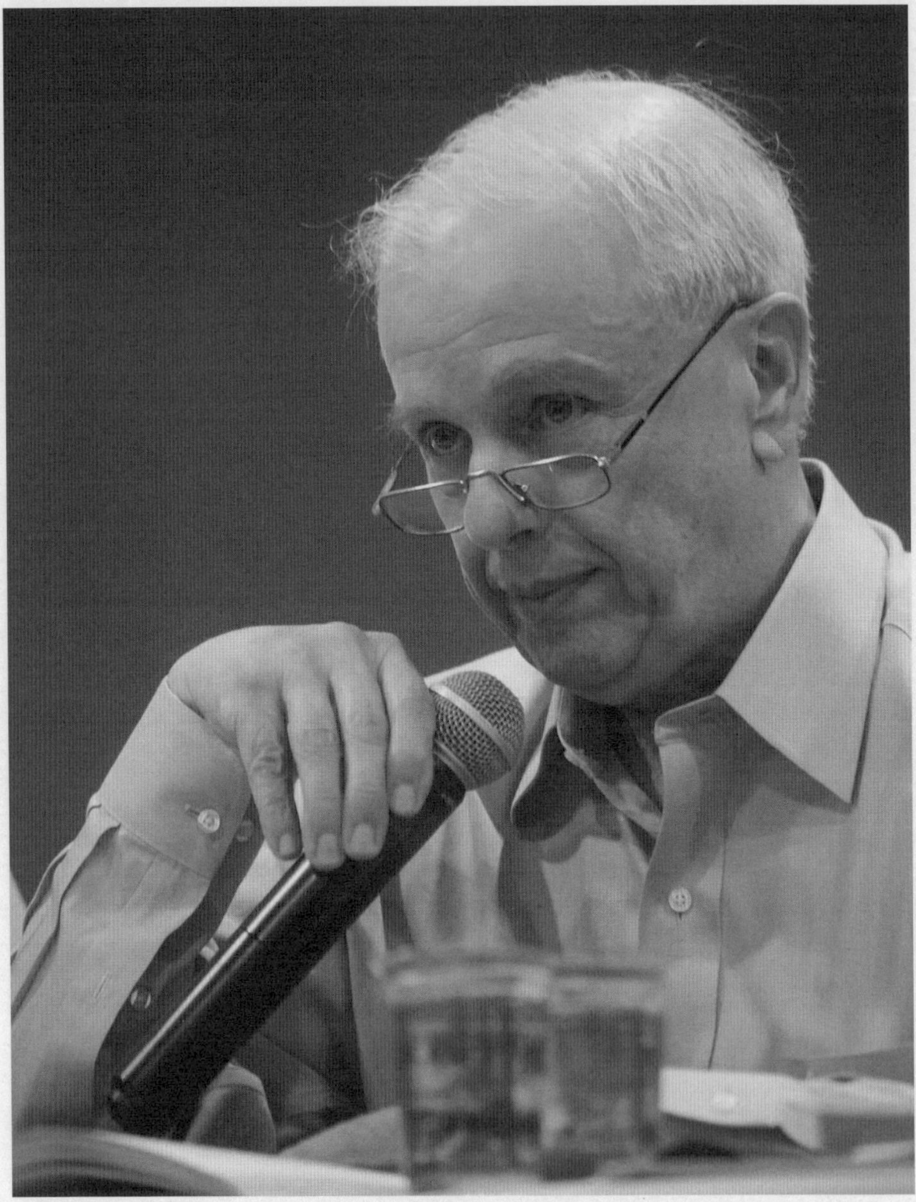

JOÃO AUGUSTO POMPEIA

DOR E TEMPO[1]

Para ser história não basta agir;
o ser humano precisa narrar.[2]

---

1 Palestra proferida em 28 de março de 2017, na ABD, São Paulo. Preparação do texto: Silvia De Ambrosis Pinheiro Machado. Esse texto foi publicado com o título, *Pain and Time*, no livro *Heidegger und die Psychiatrie (Heidegger-Jahrbuch 14)*, Verlag Karl Alber, 2023.

2 Frase extraída de uma das respostas dada ao público por João Augusto Pompeia. A palestra foi organizada em dois momentos: exposição e diálogo com o público. O conteúdo das respostas foi incorporado ao texto.

SUMÁRIO

INTRODUÇÃO 169

DASEIN 171

SOFRIMENTO HUMANO: DOR DE HISTÓRIA 175

O FAZER DASEINSANALÍTICO 181

CONCLUSÃO 189

"A VIDA NA HORA" 191

INTRODUÇÃO

A ideia desta apresentação surgiu no Colóquio Heidegger,[3] em que o tema que me coube foi o mesmo desta palestra: "Dor e tempo". Tal temática se originou na análise, em perspectiva histórica, de como os modos do sofrimento humano vieram se alterando ao longo do século XX e nestas primeiras décadas do século XXI. Antes de iniciar esta exposição, há dois pontos básicos que precisam estar claros: primeiro, minha referência aqui não é o pensamento de Martin Heidegger, nem a teoria daseinsanalítica, mas a prática clínica. E segundo, meu olhar não é apenas o de um psicoterapeuta, mas, sim, o de um daseinsanalista.

Quanto à *prática clínica*: ela é um fazer; não é uma reflexão, mas uma ação que interfere na realidade. Enquanto um fazer especializado, tal ação é orientada pelo *conhecimento teórico* advindo da nossa formação profissional. No entanto como a realidade é sempre maior do que o conhecimento que se tem dela – e, é por isso que o processo de conhecimento cresce continuamente, buscando alcançar a totalidade do real –, importa lembrar que a prática clínica é uma ação especializada que se inscreve em uma realidade necessariamente distinta e maior do que o conhecimento que temos dela. Em outras palavras, nosso conhecimento é restrito, embora impulsionado constantemente como busca da totalidade do real.

Outra restrição da nossa ação se refere à *singularidade* de cada paciente. Haja quantos e quais conhecimentos houver, nenhum terá sido ainda elaborado a respeito de um determinado paciente. O conhecimento prévio que temos é sempre de uma pessoa genérica e ele será insuficiente na nossa prática. De fato, para a constituição do conhecimento estruturado, é preciso que o peculiar de cada situação real seja colocado de lado em benefício de uma referência de caráter

---

3 XXI Colóquio Heidegger 15/10/2016. UNIFESP – Hospital do Rim. São Paulo, Brasil.

geral, que se aplique a muitas situações particulares. Porém a terapia é um fazer para o qual não basta o conhecimento já estruturado. É necessário que, ao lado dos conteúdos adquiridos na nossa formação profissional, haja um espaço para a singularidade do momento daquele paciente, naquela circunstância. Mais que isso, o fazer terapêutico precisa da *colaboração do paciente*; ele não parte de nós, daseinsanalistas. O que efetivamente estaremos dizendo àquela pessoa é o que ela compreende e não o que queremos dizer. Assim, nosso fazer precisa, digamos, dessa dupla ajuda: das circunstâncias particulares do paciente e de sua colaboração.

Finalmente, em relação ao fazer clínico importa abordar sua condição básica. A palavra *condição* liga-se ao verbo condizer: o que condiz ou o que fala junto. O que condiz com a fala do terapeuta e com a fala do paciente, quando se inicia o trabalho daseinsanalítico é, basicamente, o *sofrimento humano*. O fazer terapêutico é o esforço permanente de tentar corresponder às solicitações, aos apelos e aos pedidos implícitos ou explícitos que o sofrimento dos homens lança a eles. Nessa condição terapêutica, o sofrimento encontra ocasião de ser vivido, conhecido, lidado e, na medida do possível, superado. Por isso, ele é o *kairós* (tempo propício e oportuno) da terapia.

Em suma, até aqui abordamos algumas delimitações do campo da prática clínica: a relação (des)proporcional entre conhecimento e realidade, a importância do caráter singular do paciente sobre o conhecimento estruturado da psicologia, o reconhecimento fundamental do paciente como colaborador do processo terapêutico, e o sofrimento humano como condição básica desse processo.

O segundo ponto de partida, destas reflexões iniciais a ser destacado se refere à especificidade de ser um daseinsanalista. O que caracteriza um terapeuta como daseinsanalista é que seu fazer clínico se funda em certa concepção de ser humano, diferente da compreensão corriqueira e mesmo da compreensão das ciências em geral, sejam as biológicas ou as humanas, como a antropologia e a psicologia. Precisamente, por se tratar de uma concepção diferenciada de ser humano, utilizamos a palavra *Dasein*.

DASEIN

DASEIN: HISTÓRIA EM CURSO

O que é *Dasein*? A contribuição mais espantosa, surpreendente e fértil de Heidegger para elucidar esta questão, a meu ver, pode ser expressa suscintamente da seguinte forma: os seres humanos são entes cuja característica fundamental é "não ser". Eles "não são" e, por isso, "podem ser" ou "podem não ser" e "podem vir a ser". Esta perspectiva de existir, de vir a ser, faz a identidade de cada um ser uma história que está acontecendo e não uma forma acabada.[4] Talvez a maneira mais breve de se formular o conceito de *Dasein* seja: a compreensão do homem como *história em curso*.[5]

Tal história é constituída pelos elementos do nosso passado e, especialmente, pelos do nosso futuro porque, nesta compreensão do "estar vindo a ser", a referência é o futuro. Como não somos ainda acabados e não temos uma definição precisa da história que estamos sendo – já que ela está em curso –, guardamos certa *indeterminação*. Assim, este movimento de fazer história mostra um *Dasein* que, existindo, permanece indeterminado.

---

4 Nota da preparadora do texto: nesta concepção de ser humano, vigora um movimento que solicita o olhar móvel também. A elaboração deste texto buscou preservar o movimento das ideias de João Augusto Pompeia, sua linguagem própria que "promove" o significado de *Dasein* para seus ouvintes.

5 Nota de preparadora do texto: o prof. João Augusto Pompeia utilizou apenas o termo "história" em sua palestra, justamente para não separar o que se apresenta como totalidade: imbricação temporal e espacial, real e ficcional de pessoa e mundo (ser-com-outros e ser-no-mundo). Em um de seus comentários finais, por exemplo, ele diz: "A criança tem essa peculiaridade de aproximar a dimensão da história que, para os homens, é essencial. Talvez, por isso, busquem histórias avidamente. Elas precisam de história muito mais do que de realidade porque, para lidar com a realidade, você já tem que estar mergulhado numa perspectiva histórica, se não a realidade fica caótica". Eventualmente serão introduzidos no texto os qualificativos "pessoal" ou "universal" para o termo "história", apenas para destacar em que polo do movimento está o foco do autor naquele instante da fala.

Isto diz respeito especialmente ao futuro. Tomando como referência este campo de indeterminação futura ("estar vindo a ser"), podemos aproximar, agora, dois conceitos especialmente imbricados neste modo – *Dasein* – de compreender o ser humano: a *gratuidade* e a *liberdade*.

A gratuidade é um elemento de desordem peculiar ao homem. Podemos dizer que a graça é o fundamento do *Dasein*. Quando, por exemplo, alguém é agredido sem motivo, usamos a expressão "agressão gratuita", ou seja, de graça, sem razão e sem determinação. O gratuito é sempre a expressão da desordem ou, como formulam físicos e matemáticos estatísticos, graus de acaso e de liberdade: conjunto de fatores gratuitos presentes na ocorrência de um fenômeno. Por exemplo, ao se lançar uma moeda, a probabilidade de cair cara ou coroa, cálculo simples de 50%, se dá ao acaso. Nesse sentido, a gratuidade pode ser considerada uma manifestação natural da liberdade.

A liberdade não é a expressão de uma potência, no sentido de um poder de escolha, de fazer ou de deixar de fazer coisas (opções), mas, sim, a própria condição de indeterminação da nossa vinculação com o futuro. Ela nos é concedida pelo fato de "não estarmos ainda" acabados e "estarmos sendo" em processo de realização. Assim, nossa incompletude define nossa liberdade. O ser humano nasce em uma condição paradoxal de liberdade por o "vir-a-ser" representar uma imposição feita a ele; dito de outra forma: pelo fato de "ter que ser" a história que "está sendo". Isto ocorre até a sua morte quando, então, ele não é mais "vir-a-ser", não está mais existindo. Do ponto de vista do evento, os seres humanos ganham identidade quando "não mais são". Só se pode dizer, por exemplo, que tal pessoa foi íntegra quando ela morreu; antes disso, poderá sempre deixar de ser, tornar a ser, largar de ser, voltar a ser... Movimento constante.

DASEIN: INDETERMINAÇÃO DO FUTURO

Enquanto está vivo, o ser humano está aberto à graça da indeterminação dos acontecimentos futuros; isto se configura apenas para os seres humanos. Do ponto de vista físico, o futuro não tem forma; do ponto de vista humano, a forma do futuro é que determina a ação das pessoas. O futuro nos guia. O lugar em que queremos chegar define o caminho que iremos tomar.[6] Por isso, podemos afirmar que o *Dasein* é um ente que essencialmente "não é", ele é um "poder ser".

Assim, não é o passado que nos determina. Diante do conjunto de acontecimentos passados tão diversificados, dificilmente encontraríamos uma determinação definitiva para a existência. Nem mesmo o DNA, nossa carga genética, pode nos determinar, porque "somos também" o que "não somos ainda".

A *indeterminação do futuro* é que orienta nossa ação... que, por sua vez, vai nos transformar naquilo que "estamos sendo" a cada momento... e, então, reconfigura-se o futuro... que volta novamente aberto ao "poder ser"... Assim, além do caráter de contínuo movimento, *Dasein* aparece como uma espécie de lugar: um *vazio*, um "não ser".

DASEIN: *GESTALT* TEMPORAL

Neste lugar ocorre uma operação também contínua a que podemos chamar de totalização: cada um de nós está permanentemente reunindo a multiplicidade de eventos que constituem a nossa história, em uma unidade de sentido, a qual entendemos como aquilo que somos. Assim, pode-se dizer que este lugar-*Dasein* se configura como uma *gestalt* temporal: a integração contínua de múltiplos elementos na unidade da história. Eventos, ações e experiências passadas e futuras fazem parte desta composição da nossa história.

Tudo importa como "sendo" ou "não sendo" para esse movimento de integração, porque toda apresentação de algo para o *Dasein* se dá sempre como uma *experiência-figura* que está sobre o *fundo* de outras possibilidades de ser. Lembramos que, em *gestalt*, o jogo de figura e fundo é absolutamente determinante para o processo de apreensão e constituição do que é denominado *totalidade* ou *gestalt* (forma). Esse efeito de conjunto, na perspectiva da concepção daseinsanalítica de ser humano (história contínua), é sempre a percepção "daquilo que está

---

6 Ilustra isso o fato de as chamadas de passageiros para embarque, nos aeroportos, se darem pelo destino. O local para onde vão é o que os identifica e chama.

acontecendo" sobre o fundo "do que podia estar acontecendo". Assim, "o que está acontecendo" vincula-se, o tempo todo, àquilo que "não está acontecendo". E é esta vinculação permanente que, sem nos darmos conta, vai estabelecer o significado de cada acontecimento.[7]

Aproveito a expressão "o tempo todo" para sublinhar um dos conceitos fundamentais desta exposição: o *tempo*. Além desse termo intitular essa palestra, e já estar disseminado por meio de expressões que me vejo utilizando aqui (continuidade, permanência, sempre, ainda, passado, futuro), o conceito de tempo é básico para a compreensão do sofrimento humano e, neste caso, se expressa por exemplo em "nunca mais", como veremos adiante. Por hora, para abordá-lo, retomo *Dasein* como o lugar-vazio em que a própria história está em curso, transcorrendo. Por isso, podemos dizer que *Dasein* é também o lugar onde a realidade do mundo se faz história. Ao fazer história, a própria e a do mundo, o ser humano é *temporalidade* "o tempo todo". Este é o aspecto temporal que nos fala da "permanência". Toda experiência do *Dasein* ocorre no, com e pelo tempo, seja na sucessão cronológica (dos gregos, *Chronos*) que reconhecemos no ponteiro dos segundos do relógio, seja no sentido de *Kairós*, tempo propício, como visto anteriormente.

---

[7] Exemplifico comparando duas histórias desencadeadas pelo mesmo evento: um acidente de carro. Na primeira, o paciente entra no consultório, dizendo que está com muito azar porque sofreu um acidente com perda total do seu automóvel. Na segunda, o paciente inicia a consulta dizendo estar com muita sorte porque bateu o carro, deu perda total, mas ninguém se machucou. Os dois estão se referindo ao mesmo tipo de fato, mas com significados opostos para cada um deles. Isto porque a possibilidade que serve de fundo para a inserção da realidade é oposta em cada caso. No primeiro, a possibilidade de fundo é a de que nada tivesse acontecido e o carro estivesse disponível; no segundo, a possibilidade de fundo é a de que alguém se ferisse. Desses diferentes fundos, se destacam diferentes significados para o mesmo evento.

SOFRIMENTO HUMANO: DOR DE HISTÓRIA

Antes de abordar aquilo que é peculiar ao sofrimento humano, faço uma reflexão mais geral e ainda inicial sobre o sofrimento dos seres vivos. Parece-me que o sofrimento na vida, em geral, está ligado a uma resistência ao movimento. Vida é necessariamente movimento o tempo todo. Quando algo resiste ao movimento, acontece uma experiência de dor e sofrimento. A resistência que imobiliza em grau extremo, chamamos de "morte".

Os seres humanos também podem sentir essa dor resultante da resistência aos movimentos vitais, mas o sofrimento humano tem algo bem característico: ele aparece sempre sobre o fundo da possibilidade de não se estar sofrendo. Saber que a dor podia não estar acontecendo faz parte da própria significação que os seres humanos conferem ao sofrimento. Esta apreensão de que algo "podia não estar acontecendo" nos remete ao que é peculiar do sofrimento humano: a *falta*. Se "podia estar" e "não está", então falta.

A falta, porém, é também importante na compreensão da concepção de *Dasein*. Vimos que *Dasein* é um ente que "ainda não é", por isso mesmo "está vindo a ser" ou "falta o tempo todo ser". Na proposta de Heidegger, os entes são e os homens existem. Assim, a falta é fundamento da liberdade – essa experiência mais peculiar e preciosa dos seres humanos. Porém, agora, cabe a pergunta: quando é que a falta se torna sofrimento? E a resposta é: quando ela se dissocia da *liberdade*, ou seja, quando a falta não é mais o vazio daquilo que "pode ser", mas o vazio daquilo que "não mais pode ser". Digamos: percebo uma possibilidade, sei que ela poderia existir e, de repente, me dou conta de que ela não existe e nunca poderá existir. Isto que, não existindo, nunca poderá existir é "onde-quando" o sofrimento humano acontece. Trata-se de um "lugar-tempo" mais do "não" do que do "sim". Desta maneira, o sofrimento humano vincula-se àquilo que não é, não está presente e, de alguma forma, se perdeu. Aqui identifico uma primeira forma de sofrimento: a *perda*.

O que chamamos "perda" é uma experiência curiosa. Exemplifico com a perda de uma pessoa amada – talvez a mais comum das formas de perda com que convivemos pessoalmente e profissionalmente, no trabalho terapêutico. Aquele que perde um ente querido perde mais do que uma pessoa, perde todo o universo de compartilhamento com ela. Este universo estava aberto e disponível até o momento da sua morte, quando, então, se fechou. A perda é fundamentalmente *perda de possibilidade*. Nós não podemos perder coisas reais. Coisas que se realizaram, definitivamente se realizaram. O que perdemos é o possível, o que "podia ser". Esta qualidade de perda mostra o quanto é importante, para nós, a "ligação com o possível", chegando a ser, muitas vezes, mais relevante do que a nossa "ligação com aquilo que é".

À perda e a esse movimento da existência fundado na falta, vincula-se outra forma de sofrimento: a *culpa*. Em geral, pensamos na culpa como desdobramento de algo errado e merecedor de arrependimento. O curioso é que sempre que nos aproximamos do "erro" cometido, encontramos "aquilo que queríamos ter feito" em vez do que "foi feito". Parece mesmo que a culpa se liga mais ao que "não fizemos" e menos ao que "fizemos", porque aquilo que fizemos condenou a não existência (perdeu-se) daquilo que gostaríamos de ter feito (culpa). Para transmitir melhor esta experiência, remeto vocês aos versos finais do poema "A vida na hora", da excelente poetisa Wislawa Szymborska, ganhadora do Nobel de Literatura, em 1996: "O que quer que eu faça vai se transformar para sempre naquilo que eu fiz".[8] É assustador estarmos na liberdade de agir e constatarmos que, no momento em que fazemos algo, o feito se torna eterno. Trata-se de uma condicionante forte na vida humana: a passagem da liberdade de se escolher uma *ação* para a própria subordinação àquilo que se fez ou que, feito, se impõe a nós.

---

8 SYMBORSKA, Wislawa. "A vida na hora". *Poemas*. Companhia das Letras: São Paulo, 2011. (O leitor encontra a íntegra do poema ao final deste texto.)

A *ação* – e terapia significa ação, como disse anteriormente – é o momento em que a possibilidade se realiza e se cristaliza como algo feito; assim, um ato fecha um horizonte de possibilidades. Por exemplo, se vou me virar para a direita, não irei para a esquerda, não seguirei em frente, nem recuarei. Quando uma possibilidade foi realizada por meio da ação, as outras não aconteceram e não acontecerão mais; estão condenadas a "não ser" permanentemente. Isto, instantaneamente, fecha-se em um vazio porque são possibilidades indisponíveis e condenadas ao *nada*. Tais possibilidades anuladas pela nossa ação, entretanto, continuarão nos solicitando e nos cobrando. Elas se apresentam a nós, entes abertos às possibilidades, e nos fazem querer ter feito outra coisa. No exemplo das direções: virei para a direita, mas queria ter virado para a esquerda; a inexistência do ter virado para a esquerda, isto que é nada, continua me apelando. Aqui está o sentido do que chamamos de culpa: o que ficou faltando. O que "não fazemos" nos cabe de forma absolutamente fundamental. Aquilo que "fizemos" ou que "não fomos capazes de não fazer" gera, muitas vezes, o sentimento e o sofrimento de culpa.

Ocorrem-me dois exemplos: o da transgressão de um adolescente e o do silêncio de um torturado. Sabemos que a questão da liberdade é fundamental na adolescência: o jovem está se libertando do jugo dos pais e vive um período de contestações, principalmente manifestadas como afirmação de sua liberdade. Se, diante de uma transgressão desrespeitosa do jovem adolescente, em vez de dizermos "você não pode fazer isso", dissermos "você pode não fazer isso", o diálogo será melhor, pois a primeira forma limita sua liberdade e a segunda a traz de volta. O jovem não se sentirá obrigado a se submeter, mas desafiado a se apropriar de sua ação: do que foi feito ou daquilo que não foi capaz de não fazer, assim como do que não fez e poderia ter feito. O outro exemplo é o de um sujeito que, mesmo sob tortura violenta e duradoura, consegue se calar e, ao sair desta situação, sente-se orgulhoso por "não ter falado ou entregado o segredo". Esta pessoa está plena de si por algo que não fez. Assim, o "não fazer" é, para os seres humanos, tão ou mais decisivo, na constituição da história pessoal, do que o "fazer".

Podemos dizer, então, que, assim como na experiência da perda o que perdemos é "nada real", mas são possibilidades, na experiência da culpa, o que nos pesa é o que "não foi", mas "podia ter sido", algo que o nosso fazer condenou à "não existência". Aos animais, o que dói e oferece resistência à vida é algo real; para nós, humanos, a dor vem, frequentemente e mais profundamente, daquilo de que fomos privados (perda) e daquilo que não fizemos (culpa). A peculiaridade do sofrimento humano vem disto, de uma *(des)vinculação com o possível*, com as possibilidades. Tal sofrimento pode levar a uma condição absolutamente fechada, tão definitiva e eterna quanto a morte da pessoa amada (apontada no exemplo anterior): este fato não pode ser outro senão este que foi. Está dado, é real e fechou-se.

Podemos citar outras situações de sofrimento por perda de possibilidades. No luto amoroso, por exemplo, o que morreu não foi a pessoa amada, mas a possibilidade de compartilhar experiências com ela. No caso de amputação de uma parte do corpo, o campo de possibilidades também foi limitado; ou ainda, nos casos de cegueira, em que a pessoa, ao perder a visão, não perde o que já viu um dia, mas o que poderia ver até o final de seus dias. O foco em todos estes exemplos é o significado peculiar de perda, assentado sobre a relação humana com o possível: privação de possibilidades (sofrimento de perda) e perda definitiva do possível "não feito", por ter-se realizado outro feito (sofrimento de culpa).

Em um ou outro caso, perda ou culpa, entramos em um beco sem saída: nada pode mudar o que aconteceu. Se *Dasein* é fundamentalmente uma experiência de *liberdade*, a culpa e a perda são experiências radicais da falta dela. Da mesma maneira que a liberdade original, constituidora de *Dasein*, nos põe diante do *vazio*, a privação dela também nos lança em um vazio. A diferença está no modo de presença da falta que qualifica estes vazios. A "falta aberta", pertinente ao *vazio aberto*, expõe o que "ainda pode ser" – portanto, uma experiência de liberdade; e a "falta fechada", própria do *vazio fechado*, expõe o que "nunca mais vai poder deixar de ser" – daí uma experiência de privação de liberdade. Assim, a falta torna-se sofrimento sempre que dela for retirada a liberdade.

Retomo o exemplo da perda de uma pessoa próxima. Concretamente, o que se experimenta é o fato de "nunca mais" se poder compartilhar algo com ela, por exemplo, nunca mais se poderá ter sua companhia. Este sofrimento tem o tamanho do tempo do "nunca mais" que, equivalente ao "para sempre", pode atingir e deixar escapar o sentido da vida de quem perdeu alguém. O fato de que tudo o que poderia ser vivido junto à pessoa não mais "poder ser" desmancha e desestrutura o *sentido* da vida de quem sofreu a perda, atingindo seu futuro e fechando, antes do fim, sua história. Parece, assim, que o que dói no sofrimento humano é o *tempo*.

Diante da situação de perda, algumas pessoas batem no beco sem saída deste "nunca mais" (referência de eternidade), saindo assim do tempo. Saiu do tempo, fechou-se o futuro. Com o futuro fechado, imobilizou-se o *Dasein*, o ser humano não se mexe mais. A experiência de perder transforma-se, neste ponto, em depressão, instalando-se uma patologia. Aqui, a perda de um conjunto de possibilidades torna-se, imediatamente, a perda de todas as possibilidades. O sentido de viver foi atingido, perdeu-se o "para que". O *sentido* é fundamento de toda ação humana, o fio com o qual a multiplicidade de eventos é reunida e alinhavada em *história*. O sentido estrutura a *gestalt* temporal da história pessoal e, se ele se retrai, estaremos diante de um ser humano de quem foi retirada a oportunidade de "continuar vindo a ser", por isso ele não pode mais enxergar "para que existir" (sentido de viver).

Em relação ao sentimento de culpa, a experiência é análoga a esta da perda porque, nela, "o que foi feito" também possui caráter de eterno. A experiência anterior de liberdade, que podemos expressar como "o que se quis fazer foi feito", pode tornar-se, agora, um aprisionamento tão intenso que dilacera a vida do paciente. As faltas definitivas por "tudo o que não foi feito" e pelo "feito que não se queria mais ter feito ou fazer" desarticulam as unidades formadoras do leito pelo qual transcorre a história daquele paciente. É como se os acontecimentos de sua vida fossem se separando uns dos outros, estilhaçados pela falta do fio do sentido. Chamamos isto de *culpa patológica* e, de novo, estamos diante de alguém em estado depressivo.

Quando a culpa e a perda atingem este grau de "beco sem saída", ou seja, momento de possibilidades fechadas, quando elas transcendem o acontecimento peculiar e se tornam a *desarticulação do sentido*, a história pessoal não pode mais continuar. A história pessoal só pode ir até onde vai o sentido: quando este cessa, aquela também cessa. Aqui, para mim, está o peculiar do sofrimento humano: ele se vincula à *temporalidade* e à *historicidade*. A dor dos homens é uma dor de história, composta por dor de "nãos", de "faltas", de "coisas que não existem mais" ou de "coisas que não podem mais deixar de existir".

O FAZER DASEINSANALÍTICO

Diante desta situação extrema, em que culpa e perda atingem o grau de desarticuladoras do sentido, como podemos nos colocar enquanto daseinsanalistas? Trata-se de uma situação angustiante para o terapeuta, para o paciente e para as pessoas que com ele convivem. Dado que o acontecimento não é outro e nem pode ser alterado – tanto no caso da perda, sentimento pelo fato que aconteceu, como na culpa, sentimento pelo fato que não aconteceu – a sensação mais imediata é mesmo a de falta de liberdade.

Aqui está uma importante chave para o cuidado daseinsanalítico: o sofrimento e a dor são condições da experiência humana e não é sobre elas que a ação daseinsanalítica incide, mesmo porque a indicação terapêutica não se limita apenas a casos de dor e sofrimento. O princípio do cuidado daseinsanalítico encontra-se, isto sim, no campo restringido da liberdade humana, seja pelo sofrimento e dor, seja pela condição de *Dasein* de "estar com" e de "estar no mundo". O foco da ação daseinsanalítica, pode-se dizer, está na promoção[9] da habilidade de ser livre. Por isso, a importância do seguinte discernimento: sofrer e doer integram o processo de viver de todos os seres, mas perdoar e comprometer-se são movimentos autênticos[10] da liberdade de *Dasein*, que ocorrem como que formulados no modo de "exercícios profundos", no processo terapêutico da Daseinsanalyse.

---

9 "Promoção", no sentido de: a favor do movimento de.

10 Nota da preparadora do texto: a diferença entre espontaneidade e autenticidade está precisamente na apropriação da liberdade ao que é "si mesmo". Aquilo que é espontâneo na infância será autenticado, na maturidade, justamente pelo fortalecimento das habilidades de liberdade que implicam em se apropriar do vivido.

O PROBLEMA DA DESCULPA

Abordo, inicialmente, a culpa porque ela engendra uma possibilidade perigosa de cuidados, que pode tornar-se uma armadilha para nós, daseinsanalistas. No esforço de consolar o paciente culpado, podemos ser tomados pela fascinação da *desculpa*[11] e, movidos pela nossa angústia diante do peso da perda de sentido da sua vida, buscar justificativas, muitas vezes disparatadas, para aquela sua ação passada que, agora, desencadeia a culpa.

O perigo é que, no esforço de justificar alguém, encontraremos, sim, causas objetivas, reais e verdadeiras dentro de sua história, porém inadvertidamente, tratamos desta pessoa, seguindo o princípio de causalidade. Se, por um lado, tal princípio explica cientificamente, com cadeias sucessivas de causas e efeitos, todos os eventos do nosso mundo, animados e inanimados, por outro, restringe a compreensão das ações humanas, ao lhes retirar as determinações por possibilidades futuras. E isto atinge, veremos, a liberdade fundamental do ser humano, mirada pelos cuidados daseinsanalíticos.

Como terapeutas, quando apontamos causas que desencadearam o acontecimento em relação ao qual o paciente hoje se sente culpado, lidamos com sua ação da mesma forma como lidaríamos com qualquer outro evento natural. Toda explicação, no sentido de identificar e enumerar causas determinantes de uma ocorrência, acaba por estabelecer esta equiparação. Com isso, o peculiar da ação humana desaparece, já que ela é muito mais orientada pelo *futuro* do que determinada pelo *passado*.

Podemos dizer que a "des-culpa", trazendo o ser humano para sua condição pré-existencial, de mero ser vivo, torna sua ação desumana. Sem a culpa, na forma da falta original, base da nossa liberdade, toda ação é desumana. Assim, toda desculpa é, necessariamente, uma "castração" da humanidade de uma pessoa.

---

[11] Nota da preparadora do texto: para aprofundamento deste tema, recomenda-se a leitura do capítulo "Culpa e desculpa". (POMPEIA, João Augusto; SAPIENZA, Bilê Tatit. *Na presença do sentido: uma aproximação fenomenológica a questões existenciais básicas*. São Paulo: Educ; Paulus, 2004).

Certamente, o conjunto de causas passadas tem efeito sobre a ação humana, mas elas não são determinações exclusivas. O comportamento humano é, principalmente, orientado por possibilidades futuras. Por isso, por exemplo, qualquer organização de trabalho ou planejamento de atividades começa pelas informações de seus objetivos e finalidades; o ponto de chegada de um projeto de trabalho precisa estar esclarecido antes do seu ponto de partida. Assim, é principalmente o horizonte à frente, o futuro, que orienta e dá rumo à ação. Se, ao buscar compreender nossos pacientes, seus sentimentos de culpa, de perda e sua depressão, atrelarmo-nos ao princípio da causalidade (explicação), estaremos negligenciando o horizonte das possibilidades que é, em última instância, o lugar próprio da liberdade humana.[12]

Muitas vezes, abordando este tema, relato a história do adolescente que, ao ser desculpado completamente e inocentado por uma infração cometida, revoltou-se dizendo: "Parece que eu não existo. Se minha ação não foi culpa minha, mas causada pela minha história passada, pelos problemas familiares, pela falta de favorecimentos e pelas carências pelas quais passei, então, não sou ninguém. Se a culpa não foi minha, se tudo que fiz não era, não fui e não sou eu fazendo, o que sou? Um fantoche?". Encontrar desculpas pode justificar plenamente uma ação humana, mas, simultaneamente, retira da pessoa sua liberdade e aprisiona-a na condição de "não ser". A tragédia de *Édipo* expressa bem isso.

A história deste herói grego aponta para a errância humana, a começar por ser ele aleijado em um contexto sociocultural que valoriza, ao extremo, a perfeição física. Édipo, que significa "o de pés marcados", pode ser considerado o "defeituoso" ou o "errado". Mas, então, como se tornou um dos mais conhecidos heróis mitológicos, influenciando o pensamento contemporâneo? A permanência desse herói se destaca na história ocidental, seja pelas mãos de Sigmund Freud, que designou o momento da vida humana, no qual a estrutura psíquica se institui,

---

12 Os seres humanos exercem sua liberdade exatamente por "sempre ainda poder ser". A eles "sempre falta ser", já que, enquanto estão vivos, "ainda não chegaram a ser" tudo o que "poderiam ser" e, enquanto estiverem vivendo, estarão continuamente "vindo a ser" estes que, de fato, "vêm sendo".

como a dinâmica do Complexo de Édipo, seja pelo pensamento filosófico heideggeriano, cuja leitura do *Édipo trágico* – e não do mítico – abriu uma questão significativa.

Para abordar a questão mencionada, baseio-me no livro *Mito e tragédia na Grécia Antiga*,[13] em que Jean-Pierre Vernant formula a seguinte pergunta: por que Édipo, ao descobrir a verdade dos fatos ocorridos, não se justificou, não se explicou e tampouco se desculpou? O motivo não teria sido, certamente, a falta de habilidade com as palavras; afinal, tornara-se tirano de Tebas justamente por ter decifrado o enigma enunciado pela Esfinge. Pois então, diante do povo tebano, confrontado com o fato de ter matado seu pai e se casado com sua mãe, por que não se explicou? Nenhum tribunal humano o teria condenado caso demonstrasse que, assim que soube que seu destino era matar seu pai e casar-se com sua mãe, exilou-se de Corinto, sua pátria, justamente para evitar o risco do cumprimento desta destinação. Édipo fez tudo o que pôde para se libertar das previsões oraculares, mas seu destino há muito, antes mesmo do casamento de Laio, seu pai, com Jocasta, sua mãe, já estava determinado; antes mesmo de ser concebido, Édipo já estava enredado neste destino. Diante do suposto tribunal, ele poderia alegar pelo menos duas verdades a seu favor: não saber que Laio era o homem que ele matou naquela encruzilhada fatídica de três caminhos e não saber que Jocasta era sua mãe – aliás, ela também não sabia que Édipo era seu filho. Por que Édipo não se justifica? Por que assume a culpa? Porque, caso se justificasse, estaria reconhecendo que era apenas um fantoche na mão dos deuses, um boneco manipulado; estaria se igualando a qualquer outra ocorrência ou a uma espécie de desencadeamento natural dos fatos. Nesse caso, a categoria "evento natural" predominaria e a qualidade "humano" sumiria. Édipo não se justificou para que o humano que havia nele – e que há nas pessoas – predominasse.

Quando ocorre esta equiparação entre o ato humano e o evento natural, a liberdade aparece como ilusão. Se a ação dos homens é igual aos acontecimentos do mundo natural, não existe liberdade. Isto não

---

13 VERNANT, Jean-Pierre; VIDAL-NAQUET, Pierre. *Mito e tragédia na Grécia Antiga*. São Paulo: Perspectiva, 1999.

faz sentido para nós que historiamos a nós mesmos, enquanto uma identidade em construção, e ao mundo em que vivemos – também ele em processo contínuo de realização e transformação. Até mesmo o princípio da causalidade, que estabelece leis naturais (estruturas que unificam os eventos), pertence a uma totalidade histórica em que os acontecimentos naturais podem ser antecipados. Assim, também na ciência, tangencia-se o futuro, abertura para o "vir a ser".

Como daseinsanalistas, diante de pessoas sofridas por perdas e culpas, queremos desesperadamente reaver o sentido que se retraiu, recuperar a abertura de possibilidades. E, nesse esforço, caímos na armadilha de tentar diminuir e amenizar a radicalidade da perda, justificando e explicando os acontecimentos. No fundo, com isso, procuramos mudar o jeito próprio como a pessoa está vivendo sua perda. Se ela for autêntica e coerente consigo mesma, sentirá que perdeu algo muito precioso e, com isso, sua história cessou.

O PASSADO E O FUTURO NOS CUIDADOS DASEINSANALÍTICOS: PERDÃO E COMPROMISSO

Identificada essa armadilha, voltamos à pergunta: o que o terapeuta pode fazer nessas situações extremas de culpa e perda?

Para responder, retomo aqui o sofrimento causado pela perda de pessoas queridas. Diante dessa situação, o futuro e a história fecham-se radicalmente. Aparece um modo vigoroso de sofrimento porque as possibilidades de compartilhamento de experiências com a pessoa amada foram interrompidas. Não se sabe mais para que, por que e como viver. Nesta situação, podemos acompanhar o sofrimento do paciente e, considerando que seu futuro está fechado, nos propomos a olhar juntos para o seu passado. Faremos isto não para buscar explicações e justificativas, mas para reconhecer a ligação vigorosa entre o que agora foi perdido com a *gratuidade* de outrora tê-lo recebido. Apenas sentimos dor quando o que perdemos foi suficientemente bom para que, agora, possamos sentir sua falta.

Aquilo que perdemos, portanto, é sempre algo que antes havíamos ganhado, uma *dádiva*. A única justiça identificável, no meio deste sofrimento intenso e radical, é que o tamanho da dor da perda de algo é sempre idêntico ao tamanho da *alegria* por tê-lo ganhado um dia; nunca o primeiro poderá ser maior que o segundo. Se soubemos perceber e usufruir dessa alegria anteriormente, no tempo em que houve o ganho, melhor. Se não, agora, diante da perda, precisamos reconhecer a *graça* imensa de ter recebido aquilo que permaneceu conosco até este momento.

Justamente aí pode se dar a ação terapêutica: ao confirmarmos a dor da perda – ou seja, não a negarmos com desculpas, mas a aceitarmos tal como se mostra na experiência do paciente –, podemos acompanhar e trazer de volta toda a alegria, sorte, graça e valor do que foi recebido. Com isto e consentindo que aquela história anterior está de fato encerrada, poderemos abrir o horizonte de uma *outra história*. Nela, cada dádiva passa a ser experimentada e reconhecida em sua vitalidade: aquilo que se dá gratuitamente também se finda. Entre esse novo olhar para o passado e a reabertura para o futuro, desponta, no paciente, a dimensão ajustada do valor de cada instante presente.

Em relação à culpa, encontraremos o mesmo tipo de proposição, porém em perspectiva inversa à perda: não é o futuro que se fecha, mas o passado que se cristaliza como algo inalterável. "Aquilo que foi feito e que não se quer mais que tenha sido feito" foi feito e não pode ser desfeito. Porém este mesmo "aquilo que foi feito e que não se quer mais que tenha sido feito" poderá ser *reintegrado* à totalidade da história pessoal, transformando-a por inteiro,[14] propiciando, assim, a possibilidade de uma *nova história*.

Para o *Dasein*, o fim de uma história é sempre o começo de outra que incorpora a anterior.[15] Nesse sentido, a ação do daseinsanalista não

---

14 Max Wertheimer, ao apresentar o conceito de *Gestalt*, formulou que o todo é maior que a soma das partes. Quando um novo elemento passa a integrar uma totalidade preexistente, toda ela se transforma. A anexação deste elemento muda a figura inteira e transforma, de modo radical, a percepção da totalidade.

15 A narrativa das *Mil e uma noites* é uma magnífica representação da existência, já que suas histórias não têm fim. A expressão "mil e uma" tem significado equivalente a "infinito", no árabe medieval.

está propriamente relacionada à recuperação do fato passado, mas da *historicidade do passado*, compreendida, aqui, como disponibilidade para reencontrar o tempo, enquanto oportunidade de doação e gratuidade,[16] depois do "tranco" que o estancou; e, com isso, abrir-se para a nova história embutida no final da anterior. Como disse anteriormente: o sofrimento dos seres humanos é uma dor de história.

Para entendermos como "aquilo que foi feito e que não se quer mais que tenha sido feito" – o que costumamos chamar de "arrependimento" – é reintegrado à história pessoal, vale resgatar o significado da palavra *castigo*, que não é o mesmo que punição ou sofrimento impingido. Castigo tem a mesma raiz latina que *castus*, que significa "puro". Em química, diz-se que uma substância é pura quando todas suas porções apresentam as mesmas propriedades, ou seja, algo as unifica. Assim, podemos dizer que "castigo" se refere a um processo de purificação, no sentido do resgate da integridade perdida. Ele é o caminho para que a pessoa volte a ser uma só, pois, na situação de culpa, ela está cindida em duas partes: ela é "aquela que fez" e "aquela que não queria ter feito". A integração alcançada por meio do castigo/purificação encaminha o erro do passado para um compromisso com o futuro. Trata-se de uma *doação (doare) da culpa do passado* que pode, inclusive, tornar-se um fator de orgulho pela superação.

Há ainda o sentimento de culpa gerado por "aquilo que não foi feito" e, por isso, tornou-se um vazio. Mas o "vazio do que não foi" é também o "vazio do que ainda não é" e, portanto "ainda pode vir a ser". Tangenciamos novamente o futuro como horizonte aberto de possibilidades e como lugar de resgate do sentido, perdido, sim, pela inalterabilidade dos fatos, mas também recuperável pelo desdobramento da própria ação humana a que chamamos de *perdão*.

Na tradição da relação dos seres humanos com suas culpas, ao lado da *perspectiva da desculpa*, que busca alívio em explicações no passado,

---

16 Nota da preparadora do texto: João Augusto Pompeia iniciou uma de suas respostas à questão da gratuidade do tempo, ilustrando-a com uma breve inversão da expressão coloquial "dar um tempo" para: "é o tempo que se dá". Este jogo com as palavras ajuda a compreender a recuperação da historicidade: não somos nós quem damos um tempo, mas, sim, o tempo é que se dá para nós. Os seres humanos esperam receptivamente o tempo se dar. Daí ser a esperança um modo especial de paciência.

justificando-o, naturalizando a falta ocorrida e eliminando a participação propriamente humana no acontecimento – o que vem a ser um remédio pior do que a doença, como já mencionado – há também a *perspectiva do perdão*, um gesto direcionado para o futuro.

O que acontece em "per-doar"[17] é a *doação do futuro*, porque cada ação futura transforma o significado das "ações" e das "não ações" do passado. É por meio (*per*) do futuro – espaço aberto e indeterminado – que um fato, absolutamente inalterável do passado, pode receber (por doação) novo significado. O futuro se doa aos seres humanos. Esse movimento incorpora "aquilo que não se quis que tivesse acontecido" à história pessoal e, assim, transforma a própria história universal. Podemos dizer, então, que o perdão é uma forma de cuidado com o futuro.

---

17 Perdão: do latim *perdonare*. *Per*, prefixo latino: por meio de, através de + *donare*: doar (*Dicionário Houaiss da Língua Portuguesa*).

CONCLUSÃO

Para concluir, a falta e o vazio, a perda e a culpa, vertentes complementares imbricadas nas experiências de sofrimento humano, estão sempre no tempo e, neste sentido, são moventes. Por isso, muitas vezes, é difícil alcançá-las; escapam facilmente da nossa compreensão, ainda muito impregnada por modelos estáticos. Mas vale a expressão, em palavras, desse modo dinâmico de abordar o sofrimento humano, especialmente porque é assim, no tempo, em movimento e se transformando, que a dor dos seres humanos se mostra; afinal, ela é vida.

Em relação à perda: é reconhecendo a grandeza da graça do que nos foi dado que podemos efetivamente compreender a natureza da dor que nos assola, mas que guarda sempre um pequeno sentimento de gratidão pela oportunidade dada até o momento da perda. Aceitando profundamente o passado, acolhendo a dor, o ser humano pode se abrir na perspectiva do futuro. Em relação à culpa, aproveito os dois títulos dos tópicos que fecham o Capítulo V: "A ação", do livro *A condição humana*,[18] de Hannah Arendt, que sintetizam e traduzem precisamente o tema do *passado e o perdão* e do *futuro e o compromisso*. São eles: "A irreversibilidade e o poder de perdoar" e "A imprevisibilidade e o poder de prometer". Na perspectiva da possibilidade de se comprometer com o futuro, podemos viver a experiência de transcender a falta sem explicá-la, sem naturalizar os eventos que ocorreram e, portanto, sem apagar do acontecimento o que é propriamente humano. Trata-se de não negar a falta e de reafirmar que nos cabe, sempre, a possibilidade do desdobramento[19] de uma outra totalidade histórica, reconfigurada a partir de

---

18 ARENDT, Hannah. *A condição humana*. Rio de Janeiro: Forense Universitária, 2003.

19 Nota da preparadora do texto: a palavra "desfecho" pode ser inserida aqui, para complementar e elucidar o termo "desdobramento". Um dos significados de desfecho é solução, conclusão, desenlace: final da história anterior. Outro significado é lan-

cada novo ato e movimento que realizamos, mesmo que aprisionados pela determinação dos eventos passados.

Os modos de sofrimento, perda e culpa, assim como a condição humana, dizem respeito à experiência da falta. A diferença está no modo, aberto ou fechado, como ela acontece. Enquanto experiência vinculada à condição humana, a falta é aberta à indeterminação do futuro, diz respeito ao que "ainda não é" e ao que "pode ser". Já no sofrimento, a falta está aprisionada no interior de uma determinação radical, da qual todo o "poder ser" foi excluído, restando o "não mais poder ser". Nesta perspectiva, podemos compreender o trabalho sobre o sofrimento de perda como um cuidado inclinado à aceitação plena do passado; e o trabalho sobre o sofrimento de culpa como um cuidado inclinado para o comprometimento pleno com o futuro. A meu ver, nestas duas dimensões, se estabelece a realização clínica daseinsanalítica.

çamento, projeção adiante: começo de uma nova história. Para aprofundamento do tema: "Desfecho: encerramento de um processo" (POMPEIA, João Augusto; SAPIENZA, Bilê Tatit. *Na presença do sentido: uma aproximação fenomenológica a questões existenciais básicas*. São Paulo: Educ; Paulus, 2004).

"A VIDA NA HORA"

Wislawa Symborska[20]

[...]

É ilusório pensar que esta é só uma prova rápida
feita em acomodações provisórias. Não.
De pé em meio à cena vejo como é sólida.
Me impressiona a precisão de cada acessório.
O palco giratório já opera há muito tempo.
Acenderam-se até as mais longínquas nebulosas.
Ah, não tenho dúvida de que é uma estreia.
E o que quer que eu faça,
vai se transformar para sempre naquilo que fiz.

---

20 SYMBORSKA, Wislawa. *Poemas*. Companhia das Letras: São Paulo, 2011.

FONTE Calluna
PAPEL Pólen Natural 80g/m²
IMPRESSÃO Paym